Derecho Civil del País Vasco

Mayo, 2024

Derecho Civil del País Vasco

Temario y test

Francisco Enrique Rodríguez Rivera
Letrado de la Administración de Justicia

© 7 Editores Recursos para la Cualificación Profesional y el Empleo, S.L. (7 Editores)

© El autor

Sexta edición, mayo 2024 (138 páginas)

Derechos de edición reservados a favor de 7 Editores

IMPRESO EN ESPAÑA

Diseño Portada: 7 Editores

Edita: 7 Editores

Avda. San Francisco Javier, 9 · Edificio Sevilla 2 · Planta 11 · Módulos 25-27 · 41018 Sevilla

Teléfono: 954 784 411 · WEB: www.mad.es · e-mail: administracion@7editores.com

ISBN: 978-84-142-8195-6

© "Editorial Mad" y "Eduforma" son nombres comerciales registrados de 7 Editores Recursos para la Cualificación Profesional y el Empleo, S.L.

Presentación

Este manual contiene el temario de desarrollo del Derecho Civil propio del País Vasco destinado a la preparación de la prueba de conocimiento del Derecho Civil Foral de la Comunidad Autónoma del País Vasco.

Este manual consta de un total de 6 temas redactados conforme al programa vigente para la próxima convocatoria de las oposiciones para ingreso en los diferentes Cuerpos al servicio de la Administración de Justicia que han sido cuidadosamente revisados y actualizados hasta la fecha de edición mediante la incorporación de las recientes novedades legislativas que les afectan.

Así mismo, para un estudio completo, profundo y competitivo de cara a las pruebas selectivas, recomendamos la realización de la colección de test que se recogen en este mismo manual. Estos test han sido redactados con profesionalidad y sentido práctico para favorecer un estudio dinámico e interactivo de la teoría y familiarizar así al opositor con la realidad de las pruebas selectivas que habrá de afrontar.

Esperamos que todo ello le resulte de gran utilidad para la obtención del puesto de trabajo deseado.

Índice

Ley 5/2015, de 25 de junio, de Derecho Civil Vasco

TEMA 1

De las fuentes del Derecho Civil Vasco. De los principios inspiradores de la Ley Civil Vasca. Del ámbito de aplicación de la Ley Civil Vasca

Índice

1. De las fuentes del Derecho Civil Vasco

La Constitución Española de 1978, en adelante CE, supuso el fin de las limitaciones que el desarrollo de las leyes forales padecía desde los decretos de Felipe V y, en el caso del País Vasco, desde las guerras carlistas.

El artículo 149.1.8 de la CE establece que el Estado tiene competencia exclusiva sobre legislación civil, sin perjuicio de la conservación, modificación y desarrollo por las Comunidades Autónomas de los derechos civiles, forales o especiales, allí donde existan, con respeto, respecto a la determinación de las fuentes del derecho, a las normas establecidas por tal derecho foral o especial.

El precepto constitucional permite, pues, que las Comunidades Autónomas puedan conservar, modificar y desarrollar su Derecho Civil.

Así mismo, la Disposición Adicional Primera de la CE dispone expresamente que la Constitución ampare y respete los derechos históricos de los territorios forales, y que la actualización general de dicho régimen foral se lleve a cabo, en su caso, en el marco de la Constitución y de los Estatutos de Autonomía.

En el País Vasco existía Derecho Foral, en unos territorios, en forma escrita, como en Bizkaia y Álava, y en otros, como Gipuzkoa, en forma consuetudinaria, con unos usos muy similares en muchos aspectos a los del resto del país, que se mantienen pese a las dificultades que plantea un Derecho común inspirado en principios opuestos. El Código Civil español de 1888, al respetar el régimen de las regiones forales, se refería expresamente tanto al Derecho escrito como al consuetudinario.

El actual Estatuto Vasco, en su artículo 10.5, afirma que la Comunidad Autónoma del País Vasco tiene competencia exclusiva en la conservación, modificación y desarrollo del Derecho Civil Foral y especial, escrito o consuetudinario propio de los Territorios Históricos que integran el País Vasco y en la fijación del ámbito territorial de su vigencia.

Por otra parte, el artículo 14 del mismo Estatuto Vasco, en su punto primero, determina que la competencia de los órganos jurisdiccionales en el País Vasco se extiende en el orden civil, a todas las instancias y grados, incluidos los recursos de casación y de revisión en las materias del Derecho Civil Foral propio del País Vasco.

En la Compilación de Derecho Civil Foral de Bizkaia y Álava de 30 de julio de 1959 se reunieron todos los preceptos, informaciones, doctrinas y costumbres relacionadas con el derecho privado foral de los territorios históricos que, hasta esa fecha, se encontraban esparcidos en otras obras.

El declive del régimen foral impidió que el ordenamiento civil foral vasco evolucionase al compás de los grandes avances de la técnica jurídica en los siglos XIX y XX y, por ello, los evidentes valores intrínsecos del Derecho Foral aparecían en tal Compilación todavía bajo el ropaje de formulaciones arcaicas que era indispensable actualizar, al modo que el viejo Derecho común español se modernizó en el Código Civil de 1888.

Ante tal situación se consideró preciso hacer una total puesta al día del Derecho privado vasco, acomodando la citada Compilación a la técnica y a las necesidades de nuestra sociedad actual.

Consecuencia de ello fue la aprobación de la Ley 3/1992, de 1 de julio, de Derecho Civil Foral Vasco. Civil porque se limitaba al Derecho privado; Foral, para distinguirlo del Derecho común, y no porque resucite instituciones antiguas; y del País Vasco, por su ámbito de aplicación, aun cuando existan territorios de Derecho común.

La Ley 3/1992, además de hacer la necesaria adaptación de ese Foral a nuestros tiempos, eliminó algunos anacronismos que la Compilación de 1959 aún mantenía, y restauró instituciones muy arraigadas de las que prescindía.

No puede olvidarse tampoco el importante impulso que recibió dicho texto respecto al territorio de Gipuzkoa, con ocasión de su posterior modificación y ampliación por la Ley 3/1999, de 26 de noviembre, de modificación de la Ley del Derecho Civil Foral del País Vasco, en lo relativo al Fuero Civil de Gipuzkoa, hito equivalente en el Derecho guipuzcoano a lo que supusiera el texto de 1992 en los otros dos territorios, en tanto que siempre fueron escasas las fuentes escritas de aquel ya que la fuente esencial del derecho privado de dicho territorio ha venido siempre de la mano del derecho consuetudinario.

Transcurridos más de tres décadas desde la entrada en vigor de los preceptos constitucionales y estatutarios citados, la experiencia legislativa comparada de las comunidades autónomas con Derecho civil foral o especial propio y la jurisprudencia constitucional han asentado una firme base para el reconocimiento competencial de la capacidad legislativa de las asambleas autonómicas en materia de derecho civil foral.

Por esta razón, la Ley 5/2015, de 25 de junio, de Derecho Civil Vasco ha podido elaborarse con plena libertad y sin plantearse las dudas competenciales en las que se desenvolvió la de 1992, pudiendo aspirar a mirar más allá, siempre dentro de los límites delimitados por la jurisprudencia constitucional, el buen sentido y el mejor provecho de todos. Y todo esto, siempre con la clara idea de mantener vivo y aprovechar el legado del Derecho tradicional y consuetudinario, pero con la vista puesta en el mundo de hoy y en un país como el vasco, que tiene una gran actividad comercial e industrial, y no puede identificarse con la sociedad rural de hace unos siglos a la que la formulación original de aquel derecho respondía.

Como ocurre con otras peculiaridades del País Vasco, que mantienen como fondo esencial el Derecho castellano y europeo, el texto debe ser interpretado junto al Código Civil español pues no pretende agotar todo el contenido de las viejas instituciones civiles que en buena parte se mantienen vivas en la forma en que las regula el Código Civil, el cual tiene un carácter de derecho supletorio salvo en aquellos extremos, como la troncalidad, que son instituciones exclusivas de Bizkaia, Llodio y Aramaio.

El Derecho Civil Vasco es un derecho europeo y está inserto, en el mismo ámbito cultural del Derecho europeo occidental en el que, desde la Edad Media, se recibió ampliamente el Derecho romano sobre las raíces del Derecho autóctono, sin perjuicio de que este contiene instituciones a las que no es aplicable el Derecho romano. En consecuencia, el Derecho castellano, muy inspirado en el Derecho romano, colmaba las lagunas del derecho propio de forma compatible con las importantes precisiones del Derecho vasco que alteran el derecho común, y que la Ley 5/2015 pretende conservar y desarrollar.

Asimismo, a la hora de interpretar la Ley 5/2015 debe tenerse también en cuenta el derecho comunitario aplicable, en la medida en que afecta también de manera incipiente pero creciente al derecho privado, y por tanto también a las materias reguladas tradicionalmente por el Derecho foral. Tal es el caso del Reglamento 650/2012 del Parlamento y del Consejo de la Unión Europea, de 4 de julio, relativo a la competencia, la ley aplicable, el reconocimiento y la ejecución de las resoluciones, a la aceptación y la ejecución de los documentos públicos en materia de sucesiones *mortis causa* y a la creación de un certificado sucesorio europeo.

Finalmente, no pretende la Ley 5/2015 agotar ahora todo el posible campo de desarrollo del Derecho Civil Foral Vasco, que será paulatinamente ampliado a nuevos campos por otras leyes que puedan ser dictadas por el Parlamento Vasco en función de las diferentes necesidades y las demandas sociales de cada momento, dentro del marco competencial arriba descrito, así como, ya se ha dicho, por la vía de la costumbre y los principios generales del Derecho civil foral, como fuentes del Derecho.

2. Fuentes del Derecho Civil Foral; sistema de fuentes. El papel de la Jurisprudencia. El derecho supletorio, determinación y criterios para su aplicación. Naturaleza de las leyes del Derecho Civil Foral Vasco

Las fuentes del Derecho Civil Foral se regulan en el Título Preliminar de la Ley 5/2015, de 25 de junio, del Derecho Civil Vasco.

Según tal Título constituyen el Derecho Civil de la Comunidad Autónoma del País Vasco las disposiciones de dicha ley, la costumbre y los principios generales del Derecho que lo inspiran.

A tal efecto, la costumbre que no sea notoria deberá ser probada.

La jurisprudencia depurará la interpretación e integrará los preceptos del Derecho civil vasco.

Por jurisprudencia, a los efectos del Derecho Civil Vasco, se ha de entender la doctrina reiterada que en su aplicación establezcan las resoluciones motivadas de los jueces y tribunales con jurisdicción en el País Vasco.

La Sala de lo Civil del Tribunal Superior de Justicia del País Vasco será la encargada de unificar la doctrina que de estos emane, a través de los recursos pertinentes que en cada momento establezca la legislación procesal.

En cuanto al derecho supletorio, decir que en defecto de ley o de costumbre foral aplicable, regirá como supletorio el Código Civil y las demás disposiciones generales.

Las futuras modificaciones de estas leyes se aplicarán cuando no sean contrarias a los principios inspiradores del Derecho Civil Vasco.

De acuerdo con el denominado principio de libertad civil, de tradicional aplicación en el Derecho civil vasco, las leyes se presumen dispositivas y la renuncia a los derechos de ellas derivados será válida en tanto no contraríen el interés o el orden público ni perjudique a tercero.

2.1. Los principios inspiradores de la Ley Civil Vasca

2.1.1. El principio de solidaridad y la función social de la propiedad

La concepción vasca de la propiedad es modulada por la función social de la propiedad y por el principio de solidaridad.

Junto a la propiedad individual, las leyes ampararán las diversas formas de propiedad comunal, familiar y social peculiares del Derecho Civil Vasco de forma que las mismas se acomoden a la realidad social del tiempo en que deban ser aplicadas.

2.1.2. La persona

El respeto y la consideración de la persona inspiran la legislación vasca.

2.1.3. Lenguas cooficiales y Derecho Civil Vasco

Los actos y contratos regulados en la Ley 5/2015 podrán formalizarse en cualquiera de las lenguas oficiales de la Comunidad Autónoma del País Vasco.

Los documentos públicos se redactarán en el idioma oficial del lugar de otorgamiento que los otorgantes hayan convenido, y si hubiera más de uno, en aquel que las partes acuerden. En caso de discrepancia entre las partes, el instrumento público deberá redactarse en las lenguas oficiales existentes. Las copias se expedirán en el idioma oficial del lugar, pedido por el solicitante.

3 .Del ámbito de aplicación de la Ley Civil Vasca

3.1. Ámbito de aplicación territorial

Al contrario de lo que se establecía en la anterior Ley reguladora del Derecho Civil Foral Vasco, Ley 3/1992, que contenía, después de un Título Preliminar común, un Libro dedicado a la normativa foral de cada uno de los territorios históricos (Libro Primero Bizcaia, Libro Segundo Álava y Libro Tercero Gipuzkoa), los preceptos contenidos en la Ley 5/2015 se aplicarán en todo el ámbito territorial de la Comunidad Autónoma del País Vasco, salvo aquellos preceptos en que expresamente se declare su vigencia en un territorio concreto.

En caso de conflicto, corresponde al Parlamento Vasco la delimitación del ámbito territorial de vigencia de la ley civil vasca y, en su caso, las normas de resolución de conflictos internos de leyes, en cuanto subsista dentro del territorio de la Comunidad Autónoma del País Vasco la pluralidad legislativa.

A falta de normas especiales, los conflictos de leyes a los que dé lugar la coexistencia de varios ordenamientos jurídicos se resolverán de acuerdo con las normas de carácter general dictadas por el Estado, atendiendo a la naturaleza de las respectivas instituciones.

Los conflictos locales entre normas vigentes en algunos territorios, o entre dichas normas y las generales de la Comunidad Autónoma del País Vasco, se resolverán también por las disposiciones del Código Civil, sin perjuicio del principio de territorialidad en materia de bienes troncales.

3.2. Ámbito de aplicación personal

El Derecho Civil de la Comunidad Autónoma del País Vasco se aplica a todas aquellas personas que tengan vecindad civil vasca.

La vecindad civil vasca o la vecindad civil local cuando sea preciso aplicarla, se adquieren, se conservan y se pierden conforme a las normas contenidas en el Código Civil, sin perjuicio del principio de territorialidad en materia de bienes troncales.

Las normas de Derecho Civil de la Ley 5/2015 que rigen con carácter especial en el territorio histórico de Bizkaia y en los términos municipales alaveses de Aramaio y Llodio se aplicarán a quienes tengan vecindad civil local, aforada o no, en dichos territorios.

3.3. Constancia de la vecindad civil

En los instrumentos públicos (escrituras públicas) que se otorguen en la Comunidad Autónoma del País Vasco se hará constar la vecindad civil vasca y la vecindad civil local del otorgante y cuando pueda afectar a las disposiciones que se otorguen o sus efectos, también el régimen de bienes que rija su matrimonio o pareja de hecho. En caso de duda, se presumirá, salvo prueba en contrario, que la vecindad civil es la que corresponda al lugar del nacimiento, y el régimen de bienes, el que se considere legal en el último domicilio común, y, a falta de domicilio común, el del lugar de celebración del matrimonio o el de separación de bienes si se trata de parejas de hecho.

TEMA 2

Principios del Derecho Patrimonial

Índice

1. El caserío

El caserío es una explotación agrícola o ganadera familiar constituida por una casa de labor, con diversos elementos muebles, semovientes, derechos de explotación, maquinaria, instalaciones y una o varias heredades, tierras o montes. Estas tierras o heredades pueden o no estar contiguos a la casa de labor y reciben la denominación de pertenecidos del caserío.

2. El arrendamiento rústico

El contrato de arrendamiento rústico posee en la tradición vasca características especiales en cuanto a la estabilidad del arriendo, la transmisión del derecho del arrendatario y otros aspectos que, al margen de las disposiciones de la Ley 5/2015, justifican que sea regulado en una ley especial.

3. La servidumbre de paso

La servidumbre de paso se adquiere en virtud de título o por la prescripción de veinte años.

El dueño del predio dominante podrá exigir, mediante la correspondiente indemnización, que se dé mayor anchura a la servidumbre de paso, en la medida suficiente para cubrir todas las necesidades de dicho predio.

El dueño del predio dominante está también facultado para realizar a su costa las obras de afirmado que considere convenientes para su mejor utilización, y que no perjudiquen la explotación del predio sirviente, notificándolo previamente al dueño de este.

4. Derecho de cierre de heredades y servidumbre de paso

El propietario tiene el derecho de cerrar la heredad que posee, pero no puede impedir el paso de los particulares para su uso no lucrativo, siempre que no utilicen vehículo alguno. Quien utilice este derecho deberá respetar los cultivos e indemnizar los daños, si los causare.

5. Cofradías, hermandades o mutualidades

Se sujetarán a la Ley 5/2015 las sociedades civiles constituidas bajo alguna de las formas tradicionales de cofradías, hermandades o mutualidades.

Estas sociedades se regularán por sus propios Estatutos y normas internas, en cuanto su contenido no se oponga a la Ley 5/2015, a las normas que se dicten para su desarrollo y a la legislación supletoria. Estas sociedades civiles podrán inscribirse en el registro especial que creará al efecto el Gobierno Vasco. La sociedad inscrita tendrá personalidad jurídica.

TEMA 3

De las sucesiones. Disposiciones preliminares. De la sucesión testada. De las limitaciones a la libertad de testar

1. Disposiciones preliminares

1.1. Sucesión y delación

Los derechos y obligaciones de una persona se transmiten a sus sucesores desde el momento de su muerte, salvo lo que se establezca en pacto sucesorio de acuerdo con las disposiciones de la Ley 5/2015.

La delación (llamamiento para aceptar o repudiar una herencia o legado) se producirá en el momento del fallecimiento del causante y en el lugar en que haya tenido su última residencia habitual o, en su defecto, en el lugar del fallecimiento. Si el fallecido otorga poder testatorio, la sucesión, respecto a los bienes a que alcance dicho poder, se abrirá en el momento en que el comisario haga uso del poder, o se extinga el mismo por cualquiera de las causas enumeradas en la Ley 5/2015.

1.2. Formas de suceder

La sucesión se defiere por testamento, por pacto sucesorio, o, en defecto de ambos, por disposición de la ley.

Se puede disponer de los bienes en parte por testamento o en parte por pacto sucesorio. El testamento no revoca el pacto sucesorio, pero este deja sin valor el testamento que lo contradiga.

2. De la sucesión testada

2.1. Sucesión universal y particular

La sucesión puede ordenarse a título universal o particular.

Es heredero el designado a título universal en todo o en una parte alícuota de la herencia. El heredero adquiere los bienes y derechos del causante, continúa su posesión, se subroga en sus obligaciones y queda obligado a cumplir las cargas de la herencia.

El sucesor a título particular o legatario puede hacer valer su derecho contra los herederos universales para exigir la entrega o pago del legado.

El heredero que sea, a la vez, legatario, podrá aceptar el legado y repudiar la herencia.

2.2. Relación entre sucesión universal y particular

Salvo disposición en contrario del testador, el instituido a título particular como sucesor en un patrimonio familiar o profesional, cuyo valor sea superior a las tres cuartas partes de la herencia, será tenido, a todos los efectos, como heredero universal. Si fuera heredero forzoso, la institución se imputará a la legítima, si el testador no ha dispuesto lo contrario.

2.3. Gastos de la sucesión y beneficio de separación

Se pagarán con cargo al caudal relicto:

a) Los alimentos debidos a los hijos y descendientes del causante cuando esta obligación no corresponda a otras personas.

b) Las cargas y deudas de la herencia.

c) Los gastos de conservación de los bienes, los tributos, primas de seguro u otros gastos a que se hallen afectos aquellos, así como de las obligaciones contraídas por el administrador en la gestión de los negocios del causante, o que se derivan de su explotación, cuando no hayan de ser satisfechos por el cónyuge usufructuario.

El heredero responde de las obligaciones del causante, de los legados y de las cargas hereditarias hasta el valor de los bienes heredados en el momento de la delación.

A los efectos de la responsabilidad de los herederos se establece el beneficio de separación que los acreedores hereditarios, dentro del plazo de seis meses, a contar de la fecha del fallecimiento del causante, podrán solicitar del juez la formación de inventario y la separación de los bienes de la herencia, con el fin de satisfacer con los mismos sus propios créditos, según su respectivo rango, excluyendo a los acreedores particulares del heredero hasta la total satisfacción de aquellos créditos. Hasta tal momento, no se confundirán las deudas y créditos existentes entre el heredero y el causante, ni se extinguirán las correspondientes garantías.

Los legatarios tendrán ese mismo derecho para asegurar el cumplimiento de los legados con el remanente de la herencia después de quedar satisfechos aquellos acreedores.

A salvo la normativa concursal, la separación de bienes hereditarios afectará estos para el pago preferente a los acreedores y legatarios que la hubieran solicitado. El juez, a petición de los interesados, señalará plazo para la formación de inventario y decretará las anotaciones y embargos preventivos, notificaciones y demás medidas de aseguramiento.

Una vez satisfechos los acreedores de la herencia y legatarios que hubieren solicitado la separación, serán pagados los acreedores y legatarios que no la hubieren solicitado, sin más preferencia entre ellos que la que les corresponda por la naturaleza de sus créditos o conforme a lo dispuesto en la Ley Hipotecaria.

En las sucesiones en las que el causante haya designado comisario, se estará a lo dispuesto más adelante cuando hablemos del poder testatorio.

2.4. Formas de testar

En la Comunidad Autónoma del País Vasco rigen todas las formas de testar reguladas en el Código Civil y además el testamento llamado «hilburuko» o en peligro de muerte.

2.5. El testamento en peligro de muerte o «hilburuko»

El que, por enfermedad grave u otra causa, se halle en peligro inminente de muerte, podrá otorgar testamento ante tres testigos idóneos sin intervención de notario y sin necesidad de justificar la ausencia de fedatario público. Este es el testamento que en lengua vasca se denomina «hilburuko».

No será necesario redactar por escrito el testamento y leerlo al testador cuando no lo permita la urgencia del caso, pero, una vez haya declarado con palabras dispositivas su última voluntad, se escribirá lo antes posible.

Este testamento quedará ineficaz si pasasen dos meses desde que el testador haya salido del peligro de muerte. Si el testador falleciese en dicho plazo, quedará también ineficaz el testamento si no se presenta para su adveración y elevación a escritura pública en la forma prevenida en las leyes procesales dentro de los tres meses siguientes al fallecimiento.

En caso de que, habiendo salido el testador del peligro de muerte, quede incapacitado para otorgar un nuevo testamento, el plazo para la adveración y la elevación a escritura pública será de tres meses contados desde aquel primer instante.

Adverado judicialmente un testamento se procederá a su protocolización notarial.

2.6. La sucesión por testamento mancomunado o de hermandad

Se considera mancomunado el testamento siempre que dos personas, tengan o no relación de convivencia o parentesco, dispongan en un solo instrumento y para después de su muerte de todos o parte de sus bienes.

Se reputa igualmente mancomunado el testamento conjunto en el que uno o los dos testadores designan comisario a la misma o distinta persona, para que, tras su muerte, ordene la sucesión correspondiente.

Quienes ostenten vecindad civil en el País Vasco pueden testar de mancomún aun fuera de esta Comunidad Autónoma.

También podrán testar mancomunadamente, dentro o fuera de su comunidad autónoma, en unión con otro causante cuya ley personal no le prohíba hacerlo en mancomún.

Para que el testamento de hermandad sea válido, ambos testadores tienen que hallarse emancipados en el momento del otorgamiento.

El testamento mancomunado solo podrá revestir forma abierta, y deberá otorgarse, en todo caso, ante notario.

2.6.1. Contenido del testamento mancomunado

El testamento conjuntamente otorgado puede contener, o no, liberalidades mutuas, solamente o junto con disposiciones a favor de tercero.

Puede igualmente designarse a los terceros a calidad de sucesores del premoriente y sustitutos del supérstite.

Se considerarán correspectivas entre sí, es decir, mutuamente condicionadas, las cláusulas testamentarias de contenido patrimonial que traigan causa de las disposiciones del cotestador, con independencia de que unas y otras favorecieren a dicho otorgante o a tercero. La vinculación correspectiva se presume, aunque puede acreditarse que fue implícitamente establecida por los testadores.

La nulidad o anulación de una disposición testamentaria mancomunada produce la ineficacia total de cualquier otra del mismo testamento que se acredite correspectiva. Sin embargo, la ineficacia sobrevenida de una disposición, inicialmente válida, no produce la de su correspectiva, que desde luego dejará de tener ese carácter.

2.6.2. Revocación o modificación conjunta

El testamento mancomunado podrá ser revocado o modificado conjuntamente por los propios otorgantes observando las mismas formalidades que se exigen para su otorgamiento o mediante pacto sucesorio en el que ambos intervengan.

2.6.3. Revocación o modificación unilateral en vida del cotestador

La revocación o modificación unilateral, en vida del cotestador, deberá hacerse también mediante testamento abierto otorgado ante notario o mediante pacto sucesorio, debiendo notificarse fehacientemente a aquel. La notificación se practicará por el notario autorizante, dentro de los diez días sucesivos y en el domicilio señalado por el compareciente, además de hacerlo asimismo, si fuera distinto, en el que se hubiere hecho constar en el testamento revocado o modificado.

Sin embargo, y abstracción hecha de las responsabilidades en que se hubiere podido incurrir, la falsedad u ocultación de un otorgante sobre el paradero de su cotestador así como la falta de la notificación requerida no afectarán a la eficacia de la revocación o modificación solemnemente realizada.

Por la revocación o modificación unilateral del testamento devendrán ineficaces todas las cláusulas del testamento revocado.

2.6.4. Revocación o modificación a la muerte del cotestador

Fallecido uno de los otorgantes, el otro no podrá revocar ni modificar las disposiciones que hubiere otorgado sobre su propia herencia si trajeren causa de las disposiciones del premuerto.

Salvo que otra cosa estableciera el testamento, el supérstite no podrá disponer a título gratuito de los bienes que se hayan señalado como objeto de las disposiciones correspectivas, como no fuera en favor de la persona o personas que se hubieren designado como beneficiaria o beneficiarias de las mismas en el testamento mancomunado. De otro modo, podrá el perjudicado, durante dos años a contar de la muerte del disponente, reclamar a los donatarios el valor actualizado de dichos bienes.

Las sentencias de nulidad, separación o divorcio de los cónyuges o la extinción de la pareja de hecho en vida de los miembros de la misma, salvo en el caso de contraer matrimonio entre estos, dejarán sin efecto todas sus disposiciones, excepto las correspectivas a favor de un hijo menor de edad o discapacitado.

2.6.5. Fallecimiento de uno de los testadores

A la muerte de uno de los testadores se abrirá su sucesión y adquirirán eficacia las disposiciones correspondientes a su ordenación.

El notario extenderá, a quien acredite interés en dicha sucesión, copia del testamento mancomunado otorgado por el causante fallecido, excepción hecha de las disposiciones que afecten únicamente a la sucesión del otro testador.

2.7. La sucesión por comisario

El testador puede encomendar a uno o varios comisarios la designación de sucesor, la distribución de los bienes y cuantas facultades le correspondan en orden a la transmisión sucesoria de los mismos.

2.7.1. Nombramiento del comisario

El nombramiento de comisario habrá de hacerse en testamento ante notario.

Los cónyuges, antes o después del matrimonio, podrán nombrarse recíprocamente comisarios en capitulaciones matrimoniales o pacto sucesorio.

Los miembros de una pareja de hecho podrán nombrarse recíprocamente comisarios en el pacto regulador de su régimen económico patrimonial o en pacto sucesorio, siempre que los otorguen en documento público ante notario.

2.7.2. Capacidad jurídica y ejercicio del poder testatorio

El comisario habrá de tener la capacidad necesaria para el acto a realizar en el momento en que ejercite el poder testatorio.

El sucesor o sucesores designados habrán de ser capaces de suceder en el momento del fallecimiento del causante o en la fecha en que se ejercite el poder testatorio.

Salvo disposición en contrario del testador, el comisario no podrá establecer fideicomisos ni hacer nombramientos condicionales de sucesor a título universal o particular, ni tomar decisiones tendentes a retrasar la designación de los sucesores y la adjudicación de los bienes.

2.7.3. Límites del poder testatorio

El comisario desempeñará su cargo conforme a lo establecido expresamente por el comitente en el poder testatorio, que no podrá modificar bajo ningún concepto, y, en su defecto, tendrá todas las facultades que correspondan al testador según la ley 5/2015 y el derecho supletorio.

Si el testador ha indicado las personas entre las que el comisario ha de elegir, deberá este atenerse a lo establecido en el poder. Si no hubiera ninguna indicación de este tipo, el comisario deberá elegir entre el cónyuge viudo, el miembro superviviente de la pareja de hecho y los herederos forzosos, y cuando se trate de bienes troncales solamente podrá elegir entre los tronqueros.

A falta de herederos forzosos, el comisario podrá designar sucesores libremente.

2.7.4. Realización de inventario

En el plazo de seis meses desde que, fallecido el testador, tenga el comisario conocimiento de su designación, deberá realizar un inventario de todos los bienes, derechos, cargas y obligaciones de la herencia, de cuyo contenido deberá dar cuenta a los presuntos sucesores, quienes, una vez transcurrido dicho plazo, podrán requerirle para que cumpla esta obligación.

Si el comisario, pese al requerimiento, no cumple el deber de inventariar los bienes en el plazo de seis meses, el juez podrá acordar que se realice a su costa.

Los presuntos sucesores y los acreedores de la herencia podrán impugnar el inventario pidiendo la inclusión de bienes omitidos o la revisión de su valoración.

2.7.5. Autoadjudicación de bienes

El comisario podrá adjudicarse a sí mismo los bienes que le hubiese atribuido el causante, así como aquellos que le corresponderían en caso de sucesión intestada o a falta de ejercicio del poder testatorio.

2.7.6. Características del cargo de comisario y posibilidad de nombrar albacea y contador partidor

El cargo de comisario es, en todo caso, voluntario y gratuito, y sus facultades, mancomunadas o solidarias, son personalísimas e intransferibles.

El comisario podrá designar albacea y contador partidor de la herencia del comitente, si este no lo hubiera hecho.

2.7.7. Representante y administración de la herencia

Mientras no se defiera la sucesión y la herencia sea aceptada, será representante y administrador del caudal la persona que el testador hubiere designado en su testamento, con las facultades que le atribuya y las garantías que le imponga.

A falta de designación, representará y administrará la herencia el cónyuge viudo o miembro superviviente de la pareja de hecho, y en defecto de este, el propio comisario.

2.7.8. Derecho de alimentos pendiente el ejercicio del poder testatorio

Pendiente el ejercicio del poder testatorio, tendrán derecho a alimentos los hijos y demás descendientes del causante en situación legal de pedirlos, con cargo a los rendimientos de los bienes hereditarios, si no hubiera otra persona obligada a prestarlos.

2.7.9. Tutela y curatela de menores o incapacitados

El comisario está obligado a pedir la constitución de la tutela o curatela de los hijos y demás descendientes del causante menores o incapacitados.

2.7.10. Designación de varios comisarios

Si el testador hubiere designado varios comisarios, desempeñarán sus funciones mancomunadamente, salvo que del tenor del testamento resulte otra cosa. Los acuerdos se adoptarán por mayoría y, en caso de empate, decidirá el nombrado en primer lugar.

2.7.11. Plazo del ejercicio del poder testatorio

El testador podrá señalar plazo para el ejercicio del poder testatorio. Cuando se designe comisario al cónyuge o miembro de la pareja de hecho, el plazo podrá serle conferido por tiempo indefinido o por los años que viviere.

A falta de señalamiento de plazo, este será de un año a partir de la muerte del testador o desde la declaración judicial de su fallecimiento si todos los sucesores fueren mayores de edad; en otro caso, desde que alcanzaren la mayoría de edad todos ellos, sin que sea suficiente, a estos efectos, la emancipación.

El cónyuge viudo o miembro superviviente de la pareja de hecho designado comisario es, salvo disposición en contrario del testador, el representante, administrador y usufructuario del patrimonio hereditario, carácter que mantendrá incluso después de haber hecho uso del poder.

2.7.12. Ejercicio sucesivo del poder testatorio. Ejercicio del poder testatorio y cautelas en favor de terceros

Salvo disposición en contrario del testador, el comisario podrá usar del poder testatorio en uno o varios actos.

El comisario podrá ejercitar el poder testatorio por acto *inter vivos* o *mortis causa* en testamento ante notario o por pacto sucesorio, a título universal o singular, sin más limitaciones que las impuestas por la ley al testador.

El cónyuge viudo o miembro superviviente de la pareja de hecho podrá hacer uso en su propio testamento ante notario del poder concedido por el causante, pero solo para disponer entre los hijos o descendientes comunes. En este caso podrá dar carácter revocable a la disposición realizada en nombre de su cónyuge o miembro de la pareja de hecho superviviente.

El cónyuge viudo o miembro superviviente de la pareja de hecho designado comisario, representante y administrador del patrimonio hereditario satisfará las obligaciones, cargas y deudas de la herencia, gestionará los negocios que formen parte del caudal, podrá cobrar créditos vencidos y consentir la cancelación de las fianzas y derechos que los garanticen, y realizar cualesquiera de los actos propios de todo administrador, así como ejercer las facultades de gestión que el comitente le haya atribuido. Igualmente estará legitimado activa y pasivamente respecto de cualesquiera acciones referidas al patrimonio hereditario.

Los acreedores hereditarios, dentro del plazo de seis meses, a contar de la fecha del fallecimiento del causante podrán solicitar al comisario y, en su defecto, al juez competente, la formación de inventario y la separación de los bienes de la herencia, con el fin de satisfacer con estos los propios créditos de los primeros, según su respectivo rango, excluyendo a los acreedores particulares del heredero hasta la total satisfacción de aquellos créditos.

Hasta tal momento no se confundirán las deudas y créditos existentes entre el heredero y el causante, ni se extinguirán las correspondientes garantías. Los legatarios tendrán ese mismo derecho para asegurar el cumplimiento de los legados con el remanente de la herencia después de quedar satisfechos aquellos acreedores.

A salvo la normativa concursal, la separación de bienes hereditarios afectará estos para el pago preferente a los acreedores y legatarios que la hubieran solicitado. Al efecto el comisario o, en su caso, el juez, a petición de los interesados, procederá a la formación de inventario y adoptará las medidas de aseguramiento, formación de inventario, administración, custodia y conservación del caudal hereditario que procedan.

Una vez satisfechos los acreedores de la herencia y legatarios que hubieren solicitado la separación, serán pagados los acreedores y legatarios que no la hubieren solicitado, sin más preferencia entre ellos que la que les corresponda por la naturaleza de sus créditos o conforme a lo dispuesto en la Ley Hipotecaria.

El cónyuge viudo o miembro superviviente de la pareja de hecho designado comisario, representante y administrador del patrimonio hereditario podrá disponer de los bienes o derechos hereditarios si el comitente le hubiera autorizado para ello o para atender a las obligaciones, cargas y deudas de la herencia, o cuando lo juzgue oportuno para sustituirlos por otros. La contraprestación obtenida se subrogará en el lugar de los bienes enajenados, salvo que se destine al pago de las obligaciones, cargas y deudas de la herencia.

Si existieran legitimarios y los actos de enajenación a título oneroso realizados por el cónyuge viudo o miembro superviviente de la pareja de hecho designado comisario representante y administrador del patrimonio hereditario se refiriesen a bienes inmuebles, empresas y explotaciones económicas, valores mobiliarios u objetos preciosos, será necesaria la autorización de cualquiera de los legitimarios con plena capacidad de obrar y, siendo los legitimarios menores o incapaces, la autorización judicial.

2.7.13. Irrevocabilidad de las disposiciones del comisario

Salvo en el caso señalado en la pregunta anterior, todas las disposiciones otorgadas por el comisario en uso del poder testatorio serán irrevocables. No obstante, podrá reiterarse el llamamiento si la disposición resulta nula o los beneficiarios no quieren o no pueden aceptarla. En tal caso, el comisario podrá hacer nueva designación en el plazo de un año desde que conozca de forma fehaciente estos hechos.

2.7.14. Extinción del poder testatorio

El poder testatorio se extinguirá:

1. Al expirar el plazo concedido para su ejercicio.

2. Por muerte, imposibilidad o incapacidad sobrevenida del comisario.

3. En el caso del cónyuge-comisario, por la presentación de la demanda de separación, divorcio o nulidad del matrimonio, después de otorgado el poder testatorio, aunque no se haya dictado sentencia antes de la muerte del causante.

4. Cuando el cónyuge-comisario contraiga nuevas nupcias, lleve vida matrimonial de hecho o tenga un hijo no matrimonial, salvo el caso de que el testador haya dispuesto expresamente lo contrario.

5. Por renuncia. Se entenderá que el comisario renuncia cuando, requerido judicialmente para ello, no acepta la designación en el plazo de sesenta días.

6. Por incurrir el comisario, para con el causante o sus descendientes, en alguna de las causas que dan lugar a la indignidad para suceder.

7. Por las causas previstas en el propio poder.

8. Por revocación.

9. Por extinción de la pareja de hecho, salvo que lo sea por contraer matrimonio entre los mismos miembros de la pareja.

2.7.15. La voluntad del testador como criterio de interpretación

La voluntad del testador prevalece siempre en la interpretación y aplicación de las normas que hemos analizado en este tema.

3. De las limitaciones a la libertad de testar

3.1. La legítima

3.1.1. Los legitimarios

Son legitimarios los hijos o descendientes en cualquier grado y el cónyuge viudo o miembro superviviente de la pareja de hecho por su cuota usufructuaria, en concurrencia con cualquier clase de herederos.

Las normas sobre la troncalidad en el infanzonado o tierra llana de Bizkaia, y en los términos municipales alaveses de Aramaio y Llodio, prevalecen sobre la legítima, pero cuando el tronquero sea legitimario, los bienes troncales que se le asignen se imputarán a su legítima.

3.1.2. La legítima

La legítima es una cuota sobre la herencia, que se calcula por su valor económico, y que el causante puede atribuir a sus legitimarios a título de herencia, legado, donación o de otro modo.

El causante está obligado a transmitir la legítima a sus legitimarios, pero puede elegir entre ellos a uno o varios y apartar a los demás, de forma expresa o tácita.

La omisión del apartamiento equivale al apartamiento tácito.

La preterición, sea o no intencional, de un descendiente heredero forzoso, equivale a su apartamiento.

La legítima puede ser objeto de renuncia, aun antes del fallecimiento del causante, mediante pacto sucesorio entre el causante y el legitimario. Salvo renuncia de todos los legitimarios, se mantendrá la intangibilidad de la legítima para aquellos que no la hayan renunciado.

3.1.3. Cuantía de la legítima de los descendientes

La cuantía de la legítima de los hijos o descendientes es de un tercio del caudal hereditario.

3.1.4. Sustitución y representación de los legitimarios

Los hijos premuertos al causante o desheredados serán sustituidos o representados por sus descendientes.

3.1.5. Apartamiento y preterición de legitimarios

El causante podrá disponer de la legítima a favor de sus nietos o descendientes posteriores, aunque vivan los padres o ascendientes de aquellos.

La preterición de todos los herederos forzosos hace nulas las disposiciones sucesorias de contenido patrimonial.

El heredero forzoso apartado expresa o tácitamente conserva sus derechos frente a terceros cuando el testamento lesione la legítima colectiva.

3.1.6. La legítima del cónyuge viudo o miembro superviviente de la pareja de hecho

El cónyuge viudo o miembro superviviente de la pareja de hecho tendrá derecho al usufructo de la mitad de todos los bienes del causante si concurriere con descendientes.

En defecto de descendientes, tendrá el usufructo de dos tercios de los bienes.

3.1.7. Conmutación del usufructo viudal o del miembro superviviente de la pareja de hecho

Los herederos podrán satisfacer al cónyuge viudo o al miembro superviviente de la pareja de hecho su parte de usufructo, asignándole una renta vitalicia, los productos de determinados bienes, o un capital en efectivo, procediendo de mutuo acuerdo y, en su defecto, por virtud de mandato judicial.

Mientras esto no se realice, estarán afectos todos los bienes de la herencia al pago de la parte de usufructo que corresponda al cónyuge viudo o miembro superviviente de la pareja de hecho.

Si el usufructo del cónyuge viudo o miembro superviviente de la pareja de hecho re-cae sobre dinero o fondos de inversión, sean estos acumulativos o no, se rige, en primer lugar, por las disposiciones del causante y por los acuerdos entre el usufructuario y los nudos propietarios. En segundo lugar, en defecto de dichos acuerdos, el usufructuario de dinero tiene derecho a los intereses y demás rendimientos que produce el capital, y el usufructuario de participaciones en fondos de inversión tiene derecho a las eventuales plusvalías producidas desde la fecha de constitución hasta la extinción del usufructo. Los rendimientos y plusvalías eventuales se regularán por las reglas de los frutos civiles.

3.1.8. Derecho de habitación del cónyuge o miembro superviviente de la pareja de hecho

El cónyuge viudo o miembro superviviente de la pareja de hecho, además de su legí-tima, tendrá un derecho de habitación en la vivienda conyugal o de la pareja de hecho, mientras se mantenga en estado de viudedad, no haga vida marital ni tenga un hijo no matrimonial o no constituya una nueva pareja de hecho.

3.1.9. Extinción de la legítima viudal o del miembro superviviente de la pareja de hecho

Salvo disposición expresa del causante, carecerá de derechos legitimarios y de habita-ción en el domicilio conyugal o de la pareja de hecho, el cónyuge separado por sentencia firme o por mutuo acuerdo que conste fehacientemente, o el cónyuge viudo que haga vida marital o el miembro superviviente de la pareja de hecho que se encuentre ligado por una relación afectivo-sexual con otra persona.

3.1.10. Intangibilidad de la legítima

No podrá imponerse a los hijos y descendientes, sustitución o gravamen que exceda de la parte de libre disposición, a no ser en favor de otros sucesores forzosos.

No afectarán a la intangibilidad de la legítima, los derechos reconocidos al cónyuge viudo o miembro superviviente de la pareja de hecho, ni el legado de usufructo universal a favor del mismo.

3.1.11. Usufructo universal del cónyuge viudo o miembro superviviente de la pareja de hecho

El causante podrá disponer a favor de su cónyuge o miembro superviviente de la pareja de hecho del usufructo universal de sus bienes, que se extinguirá por las mismas causas que la legítima (se analizarán estas causas en otro tema). Salvo disposición expresa del causante, este legado será incompatible con el de la parte de libre disposición.

Si el causante los dispusiere de modo alternativo, la elección corresponderá al cónyuge viudo o miembro superviviente de la pareja de hecho.

3.2. Cálculo de la herencia y pago de las legítimas

3.2.1. Cálculo de la legítima

Para el cálculo de la cuota de legítima se tomará el valor de todos los bienes de la sucesión al tiempo en que se perfeccione la delación sucesoria, con deducción de deudas y cargas. Al valor líquido se le adicionará el de las donaciones computables entendiendo por tales todas aquellas en las que no medie apartamiento expreso o se efectúe a favor de quien no sea sucesor forzoso.

3.2.2. Valor de las donaciones computables y colacionables

El valor de las donaciones computables será el que tenían al tiempo de fallecer el causante, previa deducción de las mejoras útiles costeadas por el donatario en los bienes donados y del importe de los gastos extraordinarios de conservación o reparación que haya sufragado el mismo, no causados por su culpa. Al valor de los bienes se agregará la estimación de los deterioros originados por culpa del donatario que hubiesen disminuido su valor. De haber enajenado el donatario los bienes donados, se tomará como valor el que tenían en el momento de su enajenación. De los bienes que hubiesen perecido por culpa del donatario, solo se computará su valor al tiempo en que su destrucción tuvo lugar.

Las donaciones a favor de legitimarios solo serán colacionables si el donante así lo dispone o no hace apartamiento expreso.

Las donaciones colacionables lo serán por el valor de las mismas al tiempo de la partición.

La falta de apartamiento expreso de los demás legitimarios en las disposiciones sucesorias efectuadas a favor de alguno de ellos determinará la colación de dichas disposiciones.

3.2.3. Fijación del valor de los bienes en el caso de existir poder testatorio

Si hubiese poder testatorio, la valoración de los bienes para fijar la legítima se hará:

1. Por el comisario, si no tuviese interés en la sucesión.
2. Por el comisario, con el contador-partidor que el causante hubiese designado.
3. Por el comisario, con los sucesores presuntos.
4. Por decisión judicial.

3.3. La troncalidad en Bizkaia, Aramaio y Llodio. Disposiciones generales

3.3.1. Aplicación territorial de la troncalidad

Solo son bienes raíces, a efectos de troncalidad, los que estén situados en el infanzonado o tierra llana de Bizkaia o en los términos municipales alaveses de Aramaio y Llodio.

Se entiende por infanzonado o tierra llana todo el territorio histórico de Bizkaia, con excepción de la parte no aforada del territorio de las villas de Balmaseda, Bermeo, Bilbao, Durango, Ermua, Gernika-Lumo, Lanestosa, Lekeitio, Markina-Xemein, Ondarroa, Otxandio, Portugalete, Plentzia y la ciudad de Orduña.

3.3.2. La troncalidad

La propiedad de los bienes raíces sitos en la tierra llana de Bizkaia y en los términos municipales alaveses de Aramaio y Llodio es troncal. La troncalidad protege el carácter familiar del patrimonio.

El propietario de los bienes troncales solamente puede disponer de ellos respetando los derechos de los parientes tronqueros.

Los actos de disposición que vulneren los derechos de los parientes tronqueros únicamente podrán ser impugnados en la forma y con los efectos que se establecen en la ley 5/2015.

3.3.3. Bienes troncales y parentesco troncal

El parentesco troncal se determina siempre con relación a un bien raíz sito en el infanzonado o tierra llana de Bizkaia o en los términos municipales alaveses de Aramaio y Llodio.

Los bienes raíces solamente son troncales si existen parientes tronqueros.

Los bienes adquiridos de quien no fuese pariente tronquero, aunque hayan pertenecido anteriormente a alguno de ellos, no se hacen troncales mientras no se transmitan a un descendiente.

3.3.4. Los bienes raíces

A efectos de troncalidad son bienes raíces la propiedad y demás derechos reales de disfrute que recaigan sobre el suelo y todo lo que sobre este se edifica, planta y siembra.

Los bienes muebles destinados o unidos a los expresados en el párrafo anterior tendrán la consideración de raíces, salvo que, pudiendo ser separados sin detrimento, se transmitan con independencia.

No están sujetos al principio de troncalidad los frutos pendientes y las plantas, cuando sean objeto de transmisión separada del suelo, ni los árboles, cuando se enajenen para su tala.

3.3.5. Villas, ciudad y troncalidad

Dentro del territorio de las citadas villas y ciudad solamente regirá la troncalidad en su zona de tierra llana delimitada en los planos elaborados por las villas y aprobados por acuerdo de las Juntas Generales de Bizkaia de 4 de mayo de 1994.

Las modificaciones administrativas en los límites de los términos municipales de Bizkaia no alterarán el Derecho civil aplicable a los territorios afectados.

3.3.6. Los parientes tronqueros y su prelación

Son parientes tronqueros, siempre por consanguinidad o adopción:

1. En la línea recta descendente, los hijos y demás descendientes.

2. En la línea recta ascendente, los ascendientes por la línea de donde proceda el bien raíz, cualquiera que sea el título de adquisición.

   Respecto de los bienes raíces adquiridos por los cónyuges durante la vigencia de un matrimonio, o por los miembros de una pareja de hecho durante la vigencia de la misma, ambos cónyuges o miembros de la pareja de hecho son tronqueros. Aunque estos bienes se transmitan a los hijos o descendientes, los cónyuges o miembros de la pareja de hecho adquirentes siguen siendo tronqueros de la línea ascendente, cualquiera que sea el grado de parentesco con el descendiente titular.

3. En la línea colateral, los parientes colaterales dentro del cuarto grado por la línea de donde procede el bien raíz.

3.3.7. Extensión de la troncalidad

En la línea descendente, el parentesco troncal se prolonga sin limitación de grado, salvo en el caso de los bienes adquiridos de quien no fuese pariente tronquero, aunque hayan pertenecido anteriormente a alguno de ellos, que no se hacen troncales mientras no se transmitan a un descendiente.

En la ascendente, termina en el ascendiente que primero poseyó el bien raíz.

En la colateral, llega hasta el cuarto grado civil, inclusive, de parentesco.

3.3.8. Nacimiento y extinción de la troncalidad

La troncalidad nace desde el momento en que un bien raíz es adquirido por una persona de vecindad civil local vizcaína o de los términos municipales de Aramaio y Llodio y se extiende desde ese momento a todos sus descendientes, salvo lo establecido para los bienes adquiridos de quien no fuese pariente tronquero, aunque hayan pertenecido anteriormente a alguno de ellos, que no se hacen troncales mientras no se transmitan a un descendiente.

Una vez constituida la troncalidad, los parientes tronqueros, tengan o no vecindad civil vasca, mantienen su derecho de preferencia en cualquier acto de disposición que haga el titular tanto *inter vivos* como *mortis causa*.

La troncalidad se extingue en una familia si al fallecimiento del titular no existen parientes tronqueros.

Se extingue también si en el momento en que el titular pierde la vecindad civil local vizcaína, no existen parientes tronqueros en la línea recta ni en el segundo y tercer grado de la colateral.

3.3.9. Efectos de la troncalidad

Los actos de disposición de bienes troncales realizados *inter vivos* a título gratuito y a favor de extraños o de parientes que no pertenezcan a la línea preferente para su adquisición, podrán ser anulados a instancias de los parientes tronqueros en el plazo de caducidad de cuatro años contados desde que los legitimados tuvieran conocimiento del acto de disposición y, en todo caso, desde su inscripción en el Registro de la Propiedad.

Los actos de disposición *mortis causa* de bienes troncales a favor de extraños o de parientes que no pertenezcan a la línea preferente serán válidos, si bien la cláusula testamentaria o sucesoria podrá ser anulada a instancias de los parientes tronqueros en el plazo de caducidad de cuatro años contados desde que los legitimados tuvieran conocimiento del acto de disposición y, en todo caso, desde su inscripción en el Registro de la Propiedad.

3.3.10. Troncalidad y sucesión forzosa

Los derechos de troncalidad prevalecen sobre la legítima.

Cuando concurra en una persona la doble condición de sucesor tronquero y legitimario, los bienes que le correspondan como tronquero se imputarán a su legítima.

La legítima del cónyuge viudo o miembro superviviente de la pareja de hecho se pagará con bienes no troncales, y solamente cuando estos no existan, podrá acudirse a los troncales en la cuantía que sea necesaria.

No podrá imponerse sustitución ni gravamen sobre bienes troncales, sino a favor de otro pariente tronquero de la misma línea.

No afectarán a la intangibilidad de los bienes troncales, los derechos reconocidos al cónyuge viudo o al miembro superviviente de la pareja de hecho, ni el legado de usufructo universal a favor del mismo.

Podrán los tronqueros conmutar el usufructo del cónyuge viudo o miembro superviviente de la pareja de hecho que recaiga sobre bienes troncales por un capital en efectivo que será de su libre disposición.

Los bienes troncales del causante se computarán para el cálculo de la cuota de legítima, y se entenderán imputados en primer lugar al pago de la misma, salvo disposición expresa en contrario del testador.

Las deudas del causante se pagarán con el importe de los bienes muebles y de los bienes inmuebles no troncales, y solo si estos bienes no fueran suficientes, responderán los bienes troncales de cada línea en proporción a su cuantía.

3.3.11. Bienes incluidos en la transmisión a título gratuito del caserío

La transmisión a título gratuito de un caserío con sus pertenecidos comprenderá, salvo disposición en contrario, el mobiliario, semovientes, derechos de explotación, maquinaria e instalaciones para su explotación existentes en el mismo.

3.4. Los derechos troncales de adquisición preferente

3.4.1. Adquisición preferente de los bienes troncales y prelación para su ejercicio

Corresponde a los tronqueros un derecho de adquisición preferente cuando se enajenan bienes troncales a título oneroso a favor de extraños a la troncalidad. Su extensión y forma de ejercicio deben acomodarse a las normas que analizaremos a continuación.

Solamente pueden ejercitar estos derechos los tronqueros preferentes, teniéndose por tales los que se enumeran a continuación por orden de preferencia de las distintas líneas:

a) Los de la línea recta descendente.

b) Los de la línea recta ascendente.

c) Los hermanos y los hijos de hermanos fallecidos, si concurrieren con aquellos.

También habrá lugar a estos derechos cuando la enajenación se efectúe a favor de un pariente tronquero preferente de línea posterior a la de quién ejercita el derecho de adquisición preferente.

El derecho de adquisición preferente puede ser renunciado en cualquier tiempo, pero la renuncia no vinculará al tronquero pasado un año desde su fecha.

3.4.2. Preferencia en línea y grado

Dentro de cada línea el pariente más próximo excluye al más remoto. Si fueren varios los parientes del mismo grado que ejerciten el derecho de adquisición preferente, corresponderá al tronquero que esté en derecho de posesión de la finca. A falta de este, la designación del adquirente se decidirá por sorteo ante notario.

3.4.3. Limitación del derecho en función de la clasificación urbanística

No tendrá lugar el derecho de adquisición preferente en la enajenación de fincas radicantes en suelo urbano o urbanizable sectorizado.

3.4.4. Enajenación de varias fincas

Si son varias las fincas que se enajenan, podrá el tronquero ejercitar su derecho respecto de una o varias y no de las demás, pero tratándose de la enajenación de un caserío, habrá de adquirirlo como una unidad de explotación, con todos los pertenecidos que se enajenen, aunque figuren inscritos separadamente en el Registro de la Propiedad.

3.4.5. Llamamiento previo a la enajenación

Quien pretenda enajenar bienes sujetos a saca foral practicará notarialmente el llamamiento a los parientes tronqueros.

El llamamiento se anunciará por medio de edictos que se publicarán en la forma prevista a continuación.

El edicto habrá de expresar las circunstancias de quien pretenda efectuar la transmisión, las de la finca a enajenar, su título de adquisición, el valor catastral, si constare, y el notario bajo cuya fe pretenda formalizarse la enajenación, así como los datos de identificación registral, si la finca los tuviere.

El edicto se publicará, en todo caso, en el tablón de anuncios del ayuntamiento en cuyo término municipal radique la finca.

El llamamiento se consignará en acta notarial. A tal fin, el notario entregará personalmente, o remitirá por correo certificado con acuse de recibo, el edicto al alcalde para su fijación y exposición al público durante el plazo de quince días consecutivos, lo que se acreditará por certificación suscrita, o visada al pie del edicto, por el destinatario.

El llamamiento podrá hacerse igualmente mediante notificación notarial directa, que recoja los extremos del edicto, a todos los parientes tronqueros. A estos efectos, la notificación a los parientes colaterales se entenderá hecha también a sus hijos y descendientes.

3.4.6. Comparecencia para el ejercicio del derecho

El tronquero que pretenda adquirir el bien raíz comparecerá ante el notario que haya efectuado la notificación personal, en el plazo de un mes contado desde la notificación o en los diez días hábiles siguientes a la publicación del edicto. En el mismo acto depositará, en concepto de fianza, el veinte por ciento de su valor catastral, si consta en el edicto o notificación notarial directa.

Si acudiese más de un tronquero, todos ellos estarán obligados a la consignación de la fianza, que el notario retendrá hasta el otorgamiento de la escritura, entendiéndose que quien la retire renuncia a su derecho.

Todas las actuaciones notariales anteriores a la escritura de venta se extenderán en un solo instrumento. El notario facilitará a los comparecientes testimonio de todas las diligencias practicadas.

3.4.7. Valoración del bien raíz

El notario convocará a las partes para que, dentro de los veinte días siguientes al vencimiento del plazo señalado en la pregunta anterior, designen el perito que haya de valorar la finca. Si no se pusieran de acuerdo, se designará un perito por cada parte y un tercero por insaculación ante notario, entre cuatro designados por él por sorteo entre peritos autorizados para valorar las fincas, según su naturaleza, en vía judicial. El notario les señalará un plazo que no podrá exceder de veinte días para la tasación.

El precio que señalen los peritos será vinculante para las partes, que deberán otorgar la escritura dentro de los quince días siguientes a aquel en que se les notifique el resultado de la tasación.

Si el vendedor no comparece en la fecha señalada por el notario, se le tendrá por conforme con la designación de perito que propongan los tronqueros.

No será precisa tasación si el transmitente y el tronquero preferente designado, acuerdan el precio, formalizando simultáneamente la escritura pública.

3.4.8. Otorgamiento de la escritura de la compraventa al pariente tronquero preferente

La fianza responderá de las obligaciones de quien la presta y, en caso de que este no comparezca al otorgamiento de la escritura, el transmitente podrá optar entre exigir que se lleve a cabo dicho otorgamiento por el precio fijado o tenerle por desistido de la adquisición, quedando en poder de quien anunció su propósito de enajenar el importe de la fianza en concepto de indemnización de daños y perjuicios, sin posibilidad de moderación. Si optase por la transmisión, la fianza se considerará parte del precio.

En caso de desistimiento, el notario lo notificará en el plazo de diez días a los parientes tronqueros que hubiesen prestado y mantenido la fianza, señalando día y hora para la formalización de la venta. Entre la notificación y la fecha de formalización deberá transcurrir un mínimo de quince días, salvo que los notificados pidieran nueva tasación.

3.4.9. Libertad de enajenación de bienes troncales

Si no se presentara o consumara su derecho ningún pariente tronquero, el propietario podrá enajenar la raíz por cualquier título oneroso y por el precio y condiciones que libremente decida, dentro del plazo de un año desde que venció el plazo señalado en el edicto o la notificación personal directa. Pasado este plazo, no podrá enajenar a título oneroso sin nuevo llamamiento. Se entenderá no presentado el tronquero si dejare caducar cualquiera de los plazos que se señalan en esta pregunta 2.

3.4.10. Enajenación a terceros no tronqueros

Por comparecencia ante Notario podrá acordarse, por unanimidad entre el enajenante y los tronqueros que comparecieren legalmente al llamamiento, incluidos los de grado no preferente, la enajenación de la finca a un tercero, que se habrá de formalizar en el plazo de un año previsto en la pregunta anterior.

3.4.11. Constancia en la escritura de enajenación de los trámites realizados

En toda escritura de enajenación a título oneroso de bienes troncales, sujeta a derecho de adquisición preferente, se consignará si se dio o no el llamamiento foral, con referencia circunstanciada, en el primer caso, al acta de fijación del edicto, o, en su caso, a la notificación notarial directa y a las diligencias subsiguientes, haciendo constar en la correspondiente inscripción si se dio o no en forma legal el llamamiento.

3.4.12. La saca foral

Cuando el bien raíz se enajene sin previo llamamiento, cualquier tronquero preferente de los enumerados en el apartado 2.1. podrá ejercitar la acción de saca foral, solicitando la anulación de la enajenación y que se le adjudique la finca por su justa valoración. Deberá ejercitar este derecho en juicio declarativo, promovido contra el enajenante, el adquirente, y cualesquiera otros titulares de derechos posteriores a dicha enajenación según el Registro de la Propiedad, dentro del plazo de tres meses contados desde que tuvo conocimiento de la enajenación y en todo caso, desde la inscripción de la enajenación en el Registro de la Propiedad.

El mismo derecho corresponderá al tronquero habiéndose dado los llamamientos forales, si se enajenara en circunstancias o condiciones distintas a las anunciadas.

La sentencia que estime la acción de saca anulará la venta, ordenando que una nueva enajenación se realice a favor del demandante y fijando el precio que debe satisfacer este y que será fijado en el juicio en forma contradictoria.

Si, siendo firme la sentencia, el demandante ejercita la acción para su ejecución, deberá consignar en el juzgado el precio en que se valore la raíz, sobre el cual tendrá el comprador preferencia respecto de cualquier otro acreedor del vendedor para reintegrarse del precio de su compra con sus intereses. Si existieran en el Registro de la Propiedad cargas posteriores a la inscripción dominical que se anule y que deban ser canceladas en cumplimiento de la sentencia, el precio consignado quedará en primer término a disposición de los acreedores posteriores. Esta circunstancia deberá ser recogida en la resolución judicial.

La ejecución debe pedirla el tronquero demandante en el plazo de tres meses desde la firmeza de la sentencia, transcurrido el cual quedará convalidada la venta que se impugnó. Al acordar la ejecución, deberá el juez decidir el destino de la cantidad consignada.

3.4.13. Ejercicio de los derechos de adquisición preferente en los casos de ejecución hipotecaria y procedimientos de apremio

En los casos de ejecución hipotecaria, judicial o extrajudicial, o en procedimientos de apremio, los parientes tronqueros con derecho a la saca foral podrán ejercitar cualquiera de los siguientes derechos:

a) El de adquisición preferente por el precio de adjudicación de la venta, compareciendo ante el órgano que celebró la subasta y consignando el precio antes de que se otorgue la escritura de venta o el órgano competente expida certificación que pueda ser inscrita en el Registro de la Propiedad.

b) El de saca foral, del modo regulado en este tema y dentro del plazo de tres meses a contar de la fecha de la subasta.

Igual derecho tendrán en caso de adjudicación al acreedor ejecutante, durante el plazo de tres meses a partir de la adjudicación.

3.4.14. Ejercicio de los derechos de adquisición preferente en los casos de permuta

Lo dispuesto en este apartado se aplicará en los casos de permuta si concurre alguna de las circunstancias siguientes:

a) Que se permute o subrogue un bien troncal por bienes no troncales o que, siéndolos, estén excluidos del derecho de adquisición preferente.

b) Que el valor del bien que se recibe sea inferior en un tercio al valor del bien troncal que se entrega a cambio.

Cuando el bien troncal se enajene por su titular para lograr una renta vitalicia o alimentos, quien ejercite este derecho deberá garantizar, como mínimo, el pago de la pensión o asistencia durante la vida del enajenante y de su cónyuge o persona con quien conviva.

3.4.15. Ejercicio de los derechos de adquisición preferente en los casos de arrendamientos

El arrendatario cuyo contrato de arrendamiento tenga más de cuarenta años de vigencia, incluido el tiempo en que poseyeron la finca los parientes de quienes traiga causa, tendrá el derecho de adquisición preferente de la finca arrendada en los términos que se regulan en el presente apartado 2.

Este derecho del arrendatario será preferente al de los parientes colaterales, y ningún tronquero tendrá derecho preferente cuando la finca se le transmita en virtud del derecho de acceso a la propiedad.

En todo caso, la voluntad de enajenar deberá también notificarse al arrendatario.

3.4.16. Prelación de estos derechos sobre otros derechos de adquisición

Los derechos reconocidos en la Ley 5/2015 a los que nos hemos referido en este tema serán preferentes a cualquier otro derecho de adquisición, incluso la tercería registral que pueda surgir de una inscripción practicada durante los plazos de ejercicio del derecho de adquisición preferente.

3.5. La libertad de testar en el valle de Ayala en Álava

3.5.1. Ámbito territorial

El Derecho Civil propio del valle de Ayala rige en los términos municipales de Ayala, Amurrio y Okondo, y en los poblados de Mendieta, Retes de Tudela, Santacoloma y Sojoguti del municipio de Artziniega.

Las posteriores modificaciones administrativas en los términos municipales enumerados no alterarán el Derecho Civil aplicable.

3.5.2. Libertad de testar en el valle de Ayala

Los que ostenten la vecindad civil local ayalesa pueden disponer libremente de sus bienes como quisieren y por bien tuvieren por testamento, donación o pacto sucesorio, a título universal o singular, apartando a sus legitimarios con poco o mucho.

Se entiende por legitimarios, conforme lo visto en otra parte de este temario, los hijos o descendientes en cualquier grado y el cónyuge viudo o miembro superviviente de la pareja de hecho por su cuota usufructuaria, en concurrencia con cualquier clase de herederos.

3.5.3. El apartamiento

El apartamiento puede ser expreso o tácito, individualizado o conjunto.

La omisión del apartamiento producirá los efectos que se establecen para el apartamiento tácito, al que equivale.

3.5.4. La constitución del usufructo poderoso

Los que ostenten la vecindad civil local ayalesa pueden constituir a título gratuito *inter vivos* o *mortis causa* un usufructo poderoso.

Se entiende por usufructo poderoso el que concede al usufructuario la facultad de disponer a título gratuito *inter vivos* o *mortis causa*, de la totalidad o parte de los bienes a favor de los hijos o descendientes del constituyente y otras personas señaladas expresamente por el mismo.

El constituyente puede ampliar, restringir o concretar el contenido del usufructo poderoso.

Cuando se concede un poder testatorio se entiende otorgado el usufructo poderoso, salvo disposición expresa en contrario.

3.5.5. Caracteres del usufructo poderoso

El usufructo poderoso es un derecho personalísimo. No podrá ser enajenado ni gravado por ningún título, salvo autorización del constituyente.

3.5.6. Ejercicio del usufructo poderoso

Si el usufructuario poderoso dispone parcialmente de los bienes, los legitimarios favorecidos quedan apartados con los bienes recibidos, sin perjuicio de que, en actos posteriores, pueda el usufructuario favorecerles con otros bienes.

3.5.7. Obligaciones del usufructuario

Todas las reparaciones, gastos, cargas y contribuciones de los bienes objeto del usufructo poderoso serán de cargo del usufructuario mientras no disponga de los mismos.

3.5.8. Fianza del usufructuario

El usufructuario poderoso no vendrá obligado a prestar fianza, salvo disposición expresa del causante.

3.6. Normas especiales acerca del caserío en Gipuzkoa

3.6.1. Ordenación sucesoria del caserío

La ordenación sucesoria del caserío en el territorio histórico de Gipuzkoa se regirá por las normas de la Ley 5/2015, acomodándose a las formas, instituciones y principios tradicionales de dicho territorio histórico.

3.6.2. El caserío

El caserío es una explotación agrícola o ganadera familiar constituida por una casa de labor, con diversos elementos muebles, semovientes, derechos de explotación, maquinaria, instalaciones y una o varias heredades, tierras o montes. Estas tierras o heredades pueden o no estar contiguos a la casa de labor y reciben la denominación de pertenecidos del caserío.

3.6.3. Los ondazilegis

Se entenderá comprendido en el concepto de caserío los terrenos ondazilegis, es decir, los calificados como un supuesto de propiedad separada del suelo y del vuelo.

3.6.4. Bienes incluidos en la transmisión a título gratuito del caserío

La transmisión a título gratuito de un caserío y sus pertenecidos comprenderá, salvo disposición en contrario, el conjunto descrito en las preguntas anteriores.

TEMA 4

De las sucesiones. De los pactos sucesorios. De la sucesión legal o intestada. Disposiciones comunes a las distintas formas de suceder

Índice

1. De los pactos sucesorios

1.1. Disposiciones generales

1.1.1. El pacto sucesorio

Mediante pacto sucesorio el titular de los bienes puede disponer de ellos *mortis causa*.

También mediante pacto se puede renunciar a los derechos sucesorios de una herencia o de parte de ella, en vida del causante de la misma. Del mismo modo, cabe disponer de los derechos sucesorios pertenecientes a la herencia de un tercero con consentimiento de este.

Para la validez de un pacto sucesorio se requiere que los otorgantes sean mayores de edad.

Los pactos sucesorios habrán de otorgarse necesariamente en escritura pública.

1.1.2. Pacto sucesorio y testamento

La designación de sucesor en bienes por pacto sucesorio deja sin efecto cualquier disposición testamentaria anterior sobre los bienes comprendidos en el pacto.

Dicha designación solo podrá modificarse o resolverse mediante nuevo pacto entre los otorgantes o sus sucesores o por las causas que hayan establecido las partes.

El pacto sucesorio se extingue por las causas que las partes hubieran fijado o las legalmente establecidas.

1.1.3. Pacto sucesorio y donación mortis causa

La donación *mortis causa* de bienes singulares se considera pacto sucesorio y también lo será la donación universal *inter vivos*, salvo estipulación en contrario.

1.1.4. Pacto de designación de sucesor

El pacto de designación de sucesor puede contener la disposición de la herencia, tanto a título universal como particular, así como la renuncia a la misma; en ambos supuestos, los otorgantes pueden fijar las reservas, sustituciones, cargas, obligaciones y condiciones a que haya de sujetarse.

1.2. Los pactos de institución sucesoria

1.2.1. Designación sucesoria con transmisión de presente de los bienes

La designación sucesoria con transmisión de presente de los bienes confiere al sucesor la titularidad de los mismos con las limitaciones pactadas en interés de los instituyentes, de la familia y de la explotación de bienes, por lo que, salvo pacto en contrario, todo acto de disposición o gravamen requerirá para su validez el consentimiento conjunto del instituyente y el instituido.

Los acreedores del instituyente tienen preferencia sobre los bienes transmitidos de presente por las deudas contraídas por el instituyente con anterioridad al pacto sucesorio.

1.2.2. Designación sucesoria con transmisión *post mortem* de los bienes

En la institución sucesoria con eficacia *post mortem* el instituido recibirá los bienes en el momento de la muerte del instituyente, pero a partir del otorgamiento del pacto adquiere la cualidad de sucesor, que será inalienable e inembargable.

El instituyente conserva la titularidad de los bienes y, salvo pacto en contrario, podrá disponer de ellos a título oneroso. Si los bienes transmitidos constituyen patrimonios productivos en los que trabaje el instituido, se requerirá su consentimiento para la enajenación a título oneroso, siempre que instituyente e instituido no hayan pactado otra cosa.

Los bienes objeto de la institución sucesoria con eficacia *post mortem* responden de las deudas contraídas por el instituyente.

1.2.3. Disposición de los derechos del instituido

En la institución sucesoria con eficacia *post mortem* el instituido podrá, incluso en vida del instituyente, disponer de su derecho a título gratuito, por actos *inter vivos* o *mortis causa*, a favor de sus hijos y descendientes.

En el caso de que premuera al instituyente, el derecho del instituido se transmite a sus descendientes. Si existen varios hijos o descendientes sucesores del instituido premuerto abintestato, el instituyente puede escoger a uno o varios de aquellos mediante testamento, pacto u otro título sucesorio.

1.2.4. Pacto de comunidad

La institución de sucesor en el patrimonio familiar puede acompañarse del pacto de comunidad entre instituyentes e instituidos, bajo la forma de diversas figuras societarias o en régimen de comunidad de bienes. El régimen de comunidad o sociedad familiar pactada, se regirá, en primer lugar, por el título de su constitución y de forma supletoria, por lo dispuesto en la Ley 5/2015 civil vasca.

Salvo pacto en contrario, se entenderá que a la muerte de uno de los instituyentes su cónyuge o miembro superviviente de la pareja y otorgante del pacto conserva íntegros y con carácter vitalicio los derechos que ambos se hubieran reservado.

Revertirán al instituyente los bienes transmitidos por pacto sucesorio con carga de alimentos cuando el instituido falleciere en vida de aquel sin dejar hijos ni descendientes.

1.2.5. Revocación del pacto sucesorio

Los instituyentes pueden revocar la designación:

1. Por las causas pactadas.

2. Por incumplimiento grave de las cargas o condiciones establecidas.

3. Por haber incurrido el instituido en causa de indignidad o desheredación.

4. Por conducta del instituido que impida la normal convivencia familiar.

5. En los casos de nulidad matrimonial, separación o divorcio de los instituidos, o extinción de la pareja de hecho, cuando el pacto sucesorio se haya otorgado en atención a ese matrimonio o pareja de hecho. Se exceptúa, en el caso de la pareja de hecho, que su extinción haya ocurrido por contraer matrimonio entre los mismos miembros de la pareja.

1.2.6. Resolución del pacto sucesorio

Se resolverá la designación sucesoria:

1. Por cumplimiento de la condición resolutoria a la que estaba sujeta.

2. Por fallecimiento del instituido sin dejar descendientes o, aun dejándolos, no operase la transmisión prevista en el artículo 106 de la Ley 5/2015 que establece que en la institución sucesoria con eficacia *post mortem* el instituido podrá, incluso en vida del instituyente, disponer de su derecho a título gratuito, por actos *inter vivos* o *mortis causa*, a favor de sus hijos y descendientes. En el caso de que premuera al instituyente, el derecho del instituido se transmite a sus descendientes. Si existen varios hijos o descendientes sucesores del instituido premuerto abintestato, el instituyente puede escoger a uno o varios de aquellos mediante testamento, pacto u otro título sucesorio.

3. Por acuerdo entre los otorgantes formalizado en escritura pública.

2. De la sucesión legal o intestada

La sucesión legal tiene lugar cuando no se haya dispuesto válidamente de toda la herencia o parte de ella, por testamento, o pacto sucesorio, conforme se dispone en la Ley 5/2015.

2.1. Sucesión legal de los bienes troncales

Cuando se trate de bienes troncales, el orden de la sucesión legal será, siempre, por consanguinidad o adopción:

1. En la línea recta descendente, los hijos y demás descendientes.

2. En la línea recta ascendente, los ascendientes por la línea de donde proceda el bien raíz, cualquiera que sea el título de adquisición.

Respecto de los bienes raíces adquiridos por los cónyuges durante la vigencia de un matrimonio, o por los miembros de una pareja de hecho durante la vigencia de la misma, ambos cónyuges o miembros de la pareja de hecho son tronqueros. Aunque estos bienes se transmitan a los hijos o descendientes, los cónyuges o miembros de la pareja de hecho adquirentes siguen siendo tronqueros de la línea ascendente, cualquiera que sea el grado de parentesco con el descendiente titular.

3. En la línea colateral, los parientes colaterales dentro del cuarto grado por la línea de donde procede el bien raíz.

No obstante lo anterior, se reconocen al cónyuge viudo o miembro superviviente de la pareja de hecho todos los derechos que se regulan en la Ley 5/2015, que, a falta o por insuficiencia de los bienes no troncales, recaerán sobre bienes troncales.

Cuando no hubiere sucesores tronqueros, todos los bienes se considerarán no troncales.

2.2. Sucesión legal de los bienes no troncales

La sucesión legal de los bienes no troncales se defiere por el siguiente orden:

1. En primer lugar, en favor de los hijos o descendientes.

2. Al cónyuge viudo no separado legalmente o por mutuo acuerdo que conste de modo fehaciente o al miembro superviviente de la pareja de hecho extinta por fallecimiento de uno de sus miembros.

3. A los ascendientes.

4. A los colaterales dentro del cuarto grado, por consanguinidad o adopción.

2.3. Sucesores por derecho propio o por derecho de representación

Los hijos heredan por derecho propio, dividiendo el haber hereditario en partes iguales.

Los nietos y demás descendientes heredarán por derecho de representación.

2.4. Cónyuge viudo o miembro superviviente de la pareja de hecho

A falta de descendientes, sucederá el cónyuge viudo o miembro superviviente de la pareja de hecho extinta por fallecimiento de uno de sus miembros, con preferencia a los ascendientes y colaterales.

En todo caso, el cónyuge viudo o miembro superviviente de la pareja de hecho conservará sus derechos legitimarios de usufructo.

2.5. Ascendientes

Los padres adquieren el caudal hereditario por mitades e iguales partes. Si uno de ellos hubiera fallecido, el sobreviviente recibirá la totalidad.

Si no viviera ninguno de los padres, sucederán los demás ascendientes por mitad entre ambas líneas, y si en alguna de las líneas no hay ascendientes, la totalidad de los bienes corresponderá por partes iguales a los ascendientes de la línea en que los haya.

2.6. Colaterales

A falta de descendientes, ascendientes y cónyuge o miembro superviviente de la pareja de hecho, sucederán los parientes colaterales, en primer lugar los hermanos e hijos de hermanos fallecidos y, a falta de ellos, los parientes más próximos dentro del cuarto grado.

Solamente cuando concurran hermanos con hijos de hermanos se dará el derecho de representación, sucediendo los primeros por cabezas y los segundos por estirpes. Si concurren hermanos de doble vínculo con hermanos de vínculo sencillo, aquellos sucederán en doble porción que estos.

2.7. Sucesión a favor de la Comunidad Autónoma

En defecto de personas llamadas legalmente a la sucesión, sucederá en todos los bienes la Administración General de la Comunidad Autónoma del País Vasco, quien asignará una tercera parte a sí misma, otra tercera parte a la diputación foral correspondiente a la última residencia del difunto y otra tercera parte al municipio donde este haya tenido su última residencia.

Los derechos y obligaciones de dichas Administraciones Públicas serán los mismos que los de los demás herederos, pero se entenderá siempre aceptada la herencia a beneficio de inventario, sin necesidad de declaración alguna sobre ello.

3. Disposiciones comunes a las distintas formas de suceder (testada e intestada)

3.1. Reserva sobre bienes adquiridos de descendiente

El ascendiente que heredare de su descendiente bienes que este hubiera adquirido por título lucrativo de otro ascendiente o de un hermano se halla obligado a reservar los que haya adquirido por ministerio de la ley en favor de los parientes que estén dentro del tercer grado y pertenezcan a la línea de donde los bienes procedan.

3.2. Reserva de bienes raíces donados para un matrimonio

En los bienes raíces donados para un matrimonio, antes o después de su celebración, sucederán los hijos o descendientes habidos en él, con exclusión de cualesquiera otros.

3.3. Reserva a favor de los hijos del cónyuge o miembro de la pareja de hecho fallecido

Salvo disposición contraria del causante, el cónyuge viudo o miembro superviviente de la pareja de hecho que pase a segundas nupcias, constituya nueva pareja de hecho o tenga un hijo que no lo sea de su difunto cónyuge o pareja de hecho, estará obligado a reservar a los hijos y descendientes de aquel todos los bienes que haya adquirido del mismo por testamento, pacto sucesorio u otro título lucrativo.

3.4. Alcance de las reservas

Las reservas reguladas la Ley 5/2015 a las que nos referimos en este tema alcanzan en todo caso a los edificios, plantíos y mejoras que hubiesen sido hechos por el reservista, con la obligación del reservatario de satisfacer a aquel o a sus herederos el valor actual de los mismos, dentro del año y día a contar de la fecha en que el reservatario hubiera entrado en su posesión.

3.5. Facultades del reservista

El reservista, en todos los casos regulados al efecto en la Ley 5/2015 y que se analizan en este tema, podrá designar sucesor entre los reservatarios, en los términos establecidos para la sucesión testada o pacto sucesorio, y no podrá imponer sustituciones y gravámenes sino a favor de ellos.

3.6. Reversión de los bienes donados

Los ascendientes, salvo pacto sucesorio en contrario, suceden en los bienes no troncales dados por ellos a sus hijos o descendientes muertos sin posteridad, cuando los mismos objetos donados existan en la sucesión. Si hubieren sido enajenados, sucederán en todas las acciones que el donatario tuviera en relación a ellos, y en el precio si se hubieren vendido, o en los bienes con que se hayan sustituido si los permutó o cambió.

3.7. Computación de los bienes objeto de reversión

El valor de los bienes a que se refiere la pregunta anterior computará en el caudal relicto al tiempo en que se perfeccione la delación sucesoria

TEMA 5

Del régimen de bienes en el matrimonio. Del régimen legal. Del régimen de comunicación foral de bienes

1. El régimen legal

1.1. Régimen económico matrimonial

El régimen de bienes en el matrimonio será el que los cónyuges establezcan en capitulaciones matrimoniales, bien estipulando expresamente sus condiciones o bien haciendo referencia a cualquier sistema económico establecido en la Ley 5/2015 o en otras leyes.

1.2. Modificación del régimen económico matrimonial

El régimen económico de un matrimonio, tanto el pactado como el legal, podrá ser modificado mediante el otorgamiento de nuevas capitulaciones matrimoniales.

1.3. Régimen económico matrimonial en ausencia de capitulaciones

A falta de capitulaciones o cuando resulten insuficientes o nulas, el matrimonio se regirá por las normas de la sociedad de gananciales establecidas en el Código Civil.

Cuando ambos contrayentes sean vecinos de la tierra llana de Bizkaia, de Aramaio o Llodio, el matrimonio se regirá, a falta de pacto, por el régimen de comunicación foral de bienes que analizaremos a continuación.

Cuando solo uno de los cónyuges tenga vecindad civil en la tierra llana de Bizkaia, en Aramaio o en Llodio, regirá, a falta de pacto, el régimen de bienes correspondiente a la primera residencia habitual común de los cónyuges, y a falta de esta, la que corresponda al lugar de celebración del matrimonio.

1.4. Inscripción del régimen económico matrimonial

Las modificaciones en el régimen de bienes en el matrimonio no surtirán efectos contra terceros sino a partir de la fecha en que fueren inscritas en el Registro Civil y, en su caso, en el Registro de la Propiedad o en el Registro Mercantil.

2. El régimen de comunicación foral de bienes

2.1. La comunicación foral de bienes

En virtud de la comunicación foral se harán comunes, por mitad entre los cónyuges todos los bienes, derechos y acciones, de la procedencia que sean, pertenecientes a uno u otro, por cualquier título, tanto los aportados como los adquiridos en constante matrimonio y sea cual fuere el lugar en que radiquen.

2.1.1. Alcance y cese de la comunicación foral de bienes

La comunicación foral, constante matrimonio, tiene el alcance y las limitaciones previstas en la Ley 5/2015, y cesará automáticamente por sentencia de separación conyugal, nulidad de matrimonio o divorcio, así como por el otorgamiento de capitulaciones matrimoniales, cuando los cónyuges se acojan a un régimen económico matrimonial de distinta naturaleza.

2.1.2. Otras causas de cese de la comunicación foral de bienes y sus efectos

También cesará la comunicación foral por decisión judicial y a petición de uno de los cónyuges en los siguientes casos:

1. Haber sido el otro cónyuge judicialmente incapacitado, declarado ausente o en concurso de acreedores.

2. Venir realizando el otro cónyuge actos de disposición o de gestión en daño o fraude de los derechos del solicitante.

3. Llevar separado de hecho durante más de un año, aunque fuese de mutuo acuerdo.

Si no se extingue el matrimonio tras la disolución del régimen de comunicación, los cónyuges, salvo pacto en contrario, quedarán sometidos al régimen de separación de bienes previsto en el Código Civil.

2.1.3. La consolidación de la comunicación foral de bienes

La comunicación foral, que nace con el matrimonio, se consolida en el momento de su disolución por fallecimiento de uno de los cónyuges dejando hijos o descendientes comunes.

Se entenderán comunicados todos los bienes, derechos y acciones que cualquiera de los cónyuges obtenga hasta el momento de la disolución del matrimonio; pero no los derechos inherentes a la persona ni los adquiridos después de la muerte de uno de los cónyuges. Tampoco se comunicarán los bienes y derechos intransmisibles o los de uso personal.

2.1.4. Bienes ganados y bienes procedentes de uno de los cónyuges

Durante la vigencia de la comunicación foral, la distinción entre bienes ganados y bienes procedentes de uno de los cónyuges se ajustará a las normas de la legislación civil general sobre bienes gananciales y privativos.

2.1.5. Cargas del matrimonio

Se entenderá que son cargas del matrimonio las necesarias para el sostenimiento de la familia, la alimentación y educación de los hijos comunes o de los que aun siendo de uno de los cónyuges convivan en el hogar familiar. Cualquier otro gasto que fuera sufragado con los bienes comunes pero se refiera a intereses o bienes de uno de los cónyuges, dará derecho a exigir el reintegro al tiempo de la liquidación de la comunicación.

Las cargas del matrimonio serán sufragadas en primer lugar con los bienes ganados, y solo a falta o por insuficiencia de ellos responderán los bienes procedentes de cada cónyuge, en proporción a su valor.

Lo satisfecho con estos últimos será compensado con las ganancias futuras.

2.1.6. Actos de disposición de bienes

En la comunicación foral, los actos de disposición de bienes requerirán el consentimiento de ambos cónyuges. Si uno de los cónyuges se negara a otorgarlo, podrá el juez autorizar la disposición si lo considera de interés para la familia.

No obstante, cualquiera de los cónyuges podrá, por sí solo, disponer del dinero, cuotas, aportaciones cooperativas o partes representativas de la participación en sociedades, activos financieros o de los valores mobiliarios de los que sea titular.

De igual forma, el cónyuge a cuyo favor se hubiese hecho la confesión de privatividad por el otro cónyuge, conforme a lo establecido en la legislación civil general, una vez inscrita dicha confesión en el Registro de la Propiedad, podrá disponer del citado bien en los términos establecidos en la legislación hipotecaria vigente en el momento de realizar el acto de disposición.

2.1.7. Derechos de crédito

Los derechos de crédito, cualquiera que sea su naturaleza, serán ejercitados por el cónyuge a cuyo nombre aparezcan constituidos.

2.1.8. Gestión y administración de bienes

Corresponderá en exclusiva a cada cónyuge la gestión y administración de los bienes de su procedencia, sin perjuicio de lo establecido en el Código de Comercio.

Asimismo, podrá cada cónyuge disponer de los frutos y productos de sus bienes propios, debiendo informar periódicamente al otro de la situación de dichos bienes.

2.1.9. Deudas y obligaciones

Las deudas y obligaciones contraídas por cualquiera de los cónyuges sin consentimiento del otro, únicamente serán de cargo de la respectiva mitad del obligado, con las limitaciones siguientes:

a) Quedarán siempre libres de responsabilidad los bienes procedentes del cónyuge no deudor.

b) La responsabilidad de los bienes ganados y de los procedentes del deudor en los procesos judiciales o de ejecución, estará sujeta a las siguientes reglas:

El embargo deberá ser notificado al cónyuge no deudor, quien tendrá derecho a oponerse a cualquier embargo que recaiga sobre bienes ganados, en cuanto exceda de su mitad. Podrá asimismo pedir, en el plazo de quince días naturales, la disolución de la comunicación foral, en cuyo caso solo quedarán sujetos a responsabilidad los bienes adjudicados al obligado y el matrimonio pasará a regirse por el régimen de separación de bienes. Este derecho no tendrá lugar si el acreedor probare que la deuda ha repercutido en beneficio de la familia.

La adjudicación de bienes por disolución de la comunicación foral se llevará a cabo, en pieza separada, en el mismo procedimiento de ejecución, por las normas establecidas para la partición de las herencias.

c) Si la mitad comunicada del obligado fuere vendida, el cónyuge responsable no tendrá, constante matrimonio, parte alguna en la mitad restante, que quedará bajo la administración del otro cónyuge. No podrá este enajenarla sin autorización judicial, y deberá destinar sus frutos a los gastos ordinarios de la familia.

d) La responsabilidad de los bienes gananciales es subsidiaria, y el cónyuge no deudor podrá evitar su embargo señalando bienes propios del deudor en cuantía suficiente.

En todo caso, los bienes sobre los que se haya hecho efectiva la ejecución se imputarán como recibidos por el cónyuge deudor a cuenta de su participación en la comunicación, por el valor de aquellos al liquidarse la sociedad conyugal.

2.1.10. Repudiación y aceptación de herencias

Durante la vigencia de la comunicación foral, el cónyuge llamado a una herencia no podrá repudiarla sin el consentimiento del otro. A falta de acuerdo, se entenderá aceptada a beneficio de inventario.

2.2. Disolución del régimen de comunicación de bienes

2.2.1. Disolución por muerte de uno de los cónyuges, dejando hijos y descendientes comunes

Cuando el matrimonio se disuelva por la muerte de uno de los cónyuges, dejando hijos o descendientes comunes, se consolida la comunicación foral y se transforma en comunidad de bienes entre el cónyuge viudo de una parte, y los hijos o descendientes que sean sucesores del premuerto, de otra, hasta la división y adjudicación de los bienes.

2.2.2. Disolución por muerte de uno de los cónyuges habiéndose designado comisario

Si el causante hubiera designado comisario, los bienes permanecerán en comunidad hasta que haga la designación de sucesor.

Mientras los bienes continúen en este estado, el cónyuge viudo, salvo disposición en contrario del testador, será el único representante de la herencia y administrador de todo el caudal, en tanto no medie aceptación de la herencia por los sucesores designados.

Salvo disposición en contrario del testador, el cónyuge viudo designado comisario único o con otras personas, mientras no haga uso del poder testatorio, tendrá además el usufructo del caudal del que no haya dispuesto, sin obligación de prestar fianza.

2.2.3. Autoadjudicación de bienes por el cónyuge viudo comisario

Por excepción a lo dispuesto cuando hablamos un poco más atrás de la disolución por muerte de uno de los cónyuges dejando hijos y descendientes comunes, el cónyuge viudo nombrado comisario, podrá adjudicarse la mitad de todos y cada uno de los bienes, dejando la otra mitad para la sucesión del premuerto, sin perjuicio de las reservas sucesorias.

En el caso de que exista contador-partidor designado por el causante, el cónyuge comisario, conjuntamente con el contador partidor, podrá llevar a cabo la disolución y liquidación de la comunidad constituida, en la forma prevista cuando hablemos un poco más delante de la adjudicación de bienes comunicados, quedando en la sucesión del causante los bienes adjudicados a la misma. Igualmente, lo podrá realizar con los sucesores presuntos o, en otro caso, por decisión judicial a su instancia.

2.2.4. Aceptación de herencias por los sucesores a instancia del cónyuge viudo

El cónyuge viudo, cuando el matrimonio se haya disuelto con hijos o descendientes, podrá instar judicialmente a los sucesores del fallecido a que acepten cualquier herencia en que este estuviera interesado. Transcurrido el plazo señalado por el juez, que no excederá de treinta días, sin que manifiesten su voluntad de aceptar la herencia, o cuando repudien la misma, podrá dicho cónyuge aceptarla a beneficio de inventario.

2.2.5. Adjudicación de los bienes comunicados

En la adjudicación de los bienes comunicados se observarán las reglas siguientes:

a) En primer lugar, se adjudicarán al cónyuge viudo en pago de su haber, raíces troncales de su procedencia.

b) Si estos no bastaren, se completará su haber con muebles y raíces no troncales.

c) Solo cuando los bienes de las dos reglas anteriores no sean bastantes, se acudirá a la raíz troncal del cónyuge premuerto.

Para determinar el haber del cónyuge viudo se tendrá en cuenta lo que analizamos al estudiar más atrás las deudas y obligaciones.

2.2.6. Disolución por muerte de uno de los cónyuges, sin descendientes comunes o por sentencia de separación, nulidad o divorcio

En todos los casos en que la comunicación foral se extinga por fallecimiento de uno de los cónyuges sin dejar descendientes comunes, o por sentencia de separación, nulidad o divorcio, se procederá conforme a las siguientes reglas:

a) Pertenecerán a cada cónyuge los bienes de su procedencia o los que se hubiesen adquirido con ellos o con el importe de su venta. Si la adquisición se hubiera hecho en parte con bienes de otra procedencia, pertenecerán en proindivisión a los titulares de tales bienes, en proporción a su cuantía.

b) Los bienes ganados se distribuirán por mitad entre ambos cónyuges.

c) Si alguno de los bienes de un cónyuge o su valor se hubiese gastado en interés de la familia, se tendrá en cuenta su valor actualizado para pagarlo con los bienes ganados, y si estos no fueren bastantes, de la diferencia pagará el otro cónyuge la parte proporcional que le corresponda, según el valor de los de cada uno de ellos.

En el supuesto de extinción de la comunicación foral por modificación del régimen económico del matrimonio se estará a lo pactado, y, en su defecto, será de aplicación lo dispuesto anteriormente.

2.2.7. Otras reglas particulares para el caso de disolución por muerte de uno de los cónyuges, sin descendientes comunes

Cuando se trate de disolución por muerte de un cónyuge y no existan descendientes, además de las reglas de la pregunta anterior, se aplicarán las siguientes:

a) El cónyuge viudo que hubiera venido al caserío del premuerto tendrá, mientras se conserve en tal estado, el derecho de continuar en él durante un año y día, sin perjuicio de los demás derechos que le correspondan por disposición legal o voluntaria.

b) Cuando el cónyuge viudo hubiere traído dote u otra aportación, el plazo establecido en la regla anterior se prorrogará por todo el tiempo que los herederos del finado tarden en devolvérsela.

c) Las adquisiciones onerosas o mejoras de bienes raíces troncales serán para el cónyuge de cuya línea provengan o para sus herederos tronqueros, pero se tendrá presente en la liquidación de la sociedad conyugal el valor actualizado de las inversiones realizadas, con abono al otro cónyuge, o a sus herederos, del haber que le corresponda.

Tal abono podrá no tener efecto hasta el fallecimiento del cónyuge viudo, pues se reconoce a este el derecho de gozar y disfrutar libremente de su mitad durante sus días.

Ley 2/2003, de 7 de mayo, Reguladora de las Parejas de Hecho

TEMA 6

Parejas de hecho en la Comunidad Autónoma del País Vasco. Disposiciones generales. Contenido de la relación de pareja. Adopción, acogimiento y régimen sucesorio. Extinción de la pareja de hecho

Índice

1. Parejas de hecho en la Comunidad Autónoma del País Vasco. Disposiciones generales

La Ley 2/2003, de 7 de mayo, del Parlamento Vasco contiene la normativa reguladora de las parejas de hecho en esta Comunidad Autónoma.

Dicha ley tiene por objeto regular el régimen jurídico aplicable a aquellas personas que acuerden constituirse en pareja de hecho, ya que en la interpretación y aplicación del ordenamiento jurídico de la Comunidad Autónoma de Euskadi nadie podrá ser discriminado por razón del grupo familiar del que forme parte, tenga este su origen en la filiación, en el matrimonio o en la unión afectiva y sexual de dos personas, sean del mismo o distinto sexo.

En cuando al concepto de pareja de hecho, a los efectos de la aplicación de la Ley 2/2003, se considera como tal a la resultante de la unión libre de dos personas mayores de edad o menores emancipadas, con plena capacidad, que no sean parientes por consanguinidad o adopción en línea recta o por consanguinidad en segundo grado colateral y que se encuentren ligadas por una relación afectivo-sexual, sean del mismo o de distinto género. Asimismo ambos miembros de la pareja deberán cumplir el requisito de no estar unidos a otra persona por vínculo matrimonial o pareja de hecho.

Las disposiciones de la Ley 2/2003 serán de aplicación a las parejas de hecho constituidas en los términos que ahora se dirán. A tal efecto podrán inscribirse aquellas parejas de hecho en las que al menos uno de sus integrantes tenga vecindad civil vasca.

2. Contenido de la relación de pareja

La inscripción de la pareja en el Registro de Parejas de Hecho de la Comunidad Autónoma del País Vasco, que se creará al efecto, tendrá carácter constitutivo, de modo que a las no inscritas no les será aplicable la Ley que analizamos.

La constitución de la pareja objeto de la presente regulación, así como el contenido jurídico patrimonial de la relación, se acreditará mediante certificación expedida por el Registro de Parejas de Hecho de la Comunidad Autónoma del País Vasco.

Las inscripciones practicadas en los registros municipales de aquellas localidades que cuenten con ellos tendrán el mismo efecto constitutivo, siempre y cuando al practicar dicha inscripción se hayan observado los requisitos establecidos en la Ley 2/2003, lo que deberá ser verificado por el Registro de Parejas de Hecho de la Comunidad Autónoma del País Vasco.

A tal efecto, la Ley 2/2003 creó el Registro de Parejas de Hecho de la Comunidad Autónoma del País Vasco, dependiente orgánicamente del departamento que en cada momento tenga atribuida su gestión, de carácter administrativo y funcionamiento descentralizado.

El registro tiene como objeto la inscripción de las declaraciones de constitución y extinción de las parejas de hecho, así como la de los convenios y pactos reguladores del régimen económico-patrimonial que podrán establecer los componentes de la unión.

Junto con la solicitud de inscripción, ambos miembros de la pareja deberán, además de manifestar su voluntad de inscribirse, acreditar el cumplimiento de los requisitos establecidos a los que nos hemos referido al comienzo del tema, así como señalar domicilio de la pareja.

El registro expedirá certificaciones de la inscripción a instancia de cualquiera de los miembros de la pareja, de quienes acrediten un interés legítimo y de los jueces y tribunales de justicia.

Los registros municipales deberán comunicar al Registro de Parejas de Hecho de la Comunidad Autónoma del País Vasco las inscripciones practicadas, con indicación de los pactos o convenios reguladores suscritos por los componentes de la pareja, así como las cancelaciones de las inscripciones practicadas o las modificaciones de estas que afecten al domicilio o al convenio o pacto regulador.

El Registro de Parejas de la Comunidad Autónoma del País Vasco se coordinará con los de similar naturaleza de otras Comunidades Autónomas a través de los correspondientes convenios.

Régimen económico

Los miembros de la pareja de hecho podrán regular las relaciones personales y patrimoniales derivadas de su unión mediante documento público o privado, con indicación de sus respectivos derechos y deberes, así como de las compensaciones económicas para el caso de la disolución de la pareja.

No podrá pactarse la constitución de una pareja de hecho con carácter temporal ni someterse a condición. Las administraciones públicas no inscribirán en el registro los pactos que atentaran contra los derechos fundamentales y las libertades públicas de cualquiera de sus miembros.

A falta de pacto expreso el régimen económico-patrimonial de las parejas de hecho reguladas en esta ley será el de separación de bienes establecido en el Código Civil.

En defecto de otro pacto expreso, los miembros de la pareja podrán adherirse a las cláusulas que con carácter general se establezcan. Dichas cláusulas generales preverán:

1. La contribución al mantenimiento de la vivienda y de los gastos comunes, mediante aportación económica o trabajo personal. Se considerará contribución a los gastos comunes el trabajo doméstico, la colaboración personal o profesional no retribuida o insuficientemente retribuida a la profesión o a la empresa del otro miembro, así como los recursos procedentes de su actividad o de sus bienes, en proporción a sus ingresos respectivos, y, si estos no fueran suficientes, en proporción a sus patrimonios. No tendrán la consideración de gastos comunes los derivados de la gestión y la defensa de los bienes propios de cada miembro, ni, en general, los que respondan al interés exclusivo de uno de los miembros de la pareja. Ninguno de los miembros podrá enajenar, gravar o, en general, disponer de su derecho sobre los bienes comunes de cualquier forma que comprometa su uso sin el consentimiento del otro.

2. Los efectos del cese, señalándose:

a) Una pensión periódica para el miembro de la pareja que la necesitará para atender adecuadamente su sustento en uno de los siguientes casos:

– Si la unión hubiera supuesto disminución en la capacidad del solicitante de obtener ingresos.

– Si el cuidado de los hijos e hijas comunes a su cargo le impidieran la realización de actividades laborales o las dificultara seriamente.

b) Una compensación económica a favor del miembro de la pareja que, sin retribución o con retribución insuficiente, haya trabajado para el hogar común o para el otro miembro, en el caso de que se haya generado por este motivo una situación de desigualdad entre el patrimonio de ambos que implique un enriquecimiento injusto.

c) El derecho del superviviente, en el caso de extinción de la pareja por muerte o declaración de fallecimiento de uno de sus componentes, cuando existiese convivencia y siempre que no perjudique a la legítima de los herederos forzosos, a la propiedad del ajuar doméstico y al uso de la vivienda común durante el año siguiente a la defunción, salvo si constituyera nueva pareja de hecho o contrajera matrimonio.

3. Adopción y acogimiento

Según los artículos 7 y 8 de la Ley 2/2003 los miembros de la pareja podrán, en los términos establecidos por la normativa vigente, formalizar el acogimiento de menores de forma conjunta con iguales derechos y deberes que las parejas unidas por matrimonio.

Los miembros de parejas formadas por dos personas del mismo sexo podrán adoptar de forma conjunta, con iguales derechos y deberes que las parejas formadas por dos personas de distinto sexo y las parejas unidas por matrimonio.

La hija o hijo adoptivo o biológico de una de las partes de la pareja tendrá derecho a ser adoptado por la otra parte.

4. Régimen sucesorio

A los efectos de la Ley 3/1992, de 1 de julio, de Derecho Civil Foral del País Vasco, las parejas de hecho tendrán la misma consideración que las casadas. Así, en relación con el régimen sucesorio y en función del Derecho Civil foral aplicable en cada caso:

1. Podrán pactar que a la muerte de uno de ellos el otro pueda conservar en usufructo la totalidad de los bienes comunes.

2. Podrán disponer conjuntamente de sus bienes en un solo instrumento, mediante el testamento mancomunado o de hermandad, pudiendo ser revocado o modificado por los miembros de la pareja.

3. Podrán nombrarse recíprocamente comisario en el testamento o pacto sucesorio.

5. Extinción de la pareja de hecho

A los efectos de la Ley 2/2003, se considerará extinguida la pareja de hecho por las siguientes causas:

a) De común acuerdo.

b) Por decisión unilateral de uno de los miembros de la pareja, comunicada fehacientemente al otro.

c) Por muerte o declaración de fallecimiento de uno de los miembros de la pareja.

d) Por matrimonio entre los propios miembros de la pareja.

e) Por matrimonio de cualquiera de los componentes de la pareja.

Cuando se produzca la extinción de la pareja de hecho, ambos miembros de la pareja, o uno de ellos en los casos de decisión unilateral, deberán instar la cancelación de la inscripción en el correspondiente registro. Ninguna de las partes podrá constituir nueva relación de pareja sometida a la Ley 2/2003 sin la previa cancelación de la anterior.

En aquellos casos en los que se encuentre plenamente acreditado el fallecimiento de uno o de los dos integrantes de la pareja de hecho o el matrimonio de uno o de ambos, podrá practicarse la cancelación de la inscripción de oficio o a instancia de parte interesada.

Ley 5/2015, de 25 de junio, de Derecho Civil Vasco

TEST

TEST N.º 1

De las fuentes del Derecho Civil Vasco. De los principios inspiradores de la Ley Civil Vasca. Del ámbito de aplicación de la Ley Civil Vasca

1. La norma que supuso el fin de las limitaciones que padecía el desarrollo de las leyes forales fue:

a) El Estatuto de Autonomía del País Vasco.
b) La Constitución Española de 1978.
c) La Ley Orgánica de Armonización del Proceso Autonómico.
d) La Ley de Desarrollo de las Leyes Forales.

2. En el caso del País Vasco las limitaciones al desarrollo de las leyes forales se venía padeciendo desde:

a) Las guerras carlistas.
b) Los decretos de Felipe V.
c) Los decretos de Fernando VII.
d) La publicación de la Novísima Recopilación.

3. El artículo de la Constitución Española que permite que las Comunidades Autónomas puedan conservar, modificar y desarrollar su Derecho Civil es el:

a) 148.
b) 149.
c) 150.
d) 151.

4. Dentro del artículo correcto al que se refiere la pregunta anterior, y, en concreto, dentro de su punto primero, la atribución de la competencia a la que nos venimos refiriendo se realiza en el párrafo o apartado:

a) Quinto.
b) Sexto.
c) Séptimo.
d) Octavo.

5. Así mismo, dentro de la Constitución Española, se dispone expresamente que tal norma ampara y respeta los derechos históricos de los territorios forales. Tal expresión se recoge:

a) En el ya mencionado artículo 149.
b) En el también mencionado artículo 148.
c) En la Disposición Final Primera.
d) En la Disposición Adicional Primera.

6. El mismo precepto al que se refiere la opción correcta de la pregunta anterior, establece que la actualización general de dicho régimen foral se deberá llevar a cabo, en su caso:

a) En el marco de la Constitución y de los Estatutos de Autonomía.
b) En el exclusivo marco de la Constitución.
c) En el exclusivo marco de los Estatutos de Autonomía.
d) No se permite la actualización del régimen foral, porque va en contra precisamente de su esencia como derecho privado histórico de los pueblos.

7. El Derecho Foral en el País Vasco:

a) Fue en todos sus territorios y siempre de forma escrita.
b) Fue en todos sus territorios y siempre de forma oral.
c) Fue escrito en Gipuzkoa y oral en Bizkaia y Álava.
d) Son falsas todas las respuestas anteriores.

8. Una de las siguientes afirmaciones no es cierta:

a) El Código Civil español de 1881 respetaba el régimen de las regiones forales.
b) El Código Civil español al manifestar su respeto al régimen foral se refería expresamente al derecho escrito.
c) El Código Civil español al manifestar su respeto al régimen foral se refería expresamente al derecho consuetudinario.
d) El derecho consuetudinario es oral.

9. El artículo del Estatuto Vasco que afirma que la Comunidad Autónoma del País Vasco tiene competencia exclusiva en la conservación, modificación y desarrollo del Derecho Civil Foral y especial, escrito o consuetudinario propio de los Territorios Históricos que integran el País Vasco y en la fijación del ámbito territorial de su vigencia, es el:

a) 10.3.
b) 10.4.
c) 10.5.
d) Son falsas todas las respuestas anteriores, ya que el contenido del artículo que se pretende identificar no coincide con el enunciado de la pregunta.

10. Una de las siguientes afirmaciones es falsa:

a) La competencia de los órganos jurisdiccionales en el País Vasco se extiende, en el orden civil, a todas las instancias.

b) La competencia de los órganos jurisdiccionales en el País Vasco se extiende, en el orden civil, a todos los grados.

c) En esa competencia están incluidos los recursos de casación y de revisión en las materias del Derecho Civil Foral propio del País Vasco.

d) Es el artículo 14.2 del Estatuto Vasco el que regula la competencia de los órganos jurisdiccionales en el País Vasco.

11. Todos los preceptos, informaciones, doctrinas y costumbres relacionadas con el derecho privado foral de los territorios históricos que se encontraban esparcidos en otras obras, fueron agrupados por vez primera en:

a) La Ley 3/1992, de 1 de julio, de Derecho Civil Foral Vasco.

b) La Ley 3/1999, de 26 de noviembre, de Derecho Civil del País Vasco.

c) La Compilación de Derecho Civil Foral de Bizkaia y Álava de 30 de julio de 1959.

d) Son falsas todas las respuestas anteriores.

12. La acomodación de las normas recopilatorias anteriores de Derecho Civil Foral del País Vasco, a la técnica y necesidades de nuestra sociedad actual se produjo en:

a) La Ley 3/1992, de 1 de julio, de Derecho Civil Foral Vasco.

b) La Ley 3/1999, de 26 de noviembre, de Derecho Civil del País Vasco.

c) La Compilación de Derecho Civil Foral de Bizkaia y Álava de 30 de julio de 1959.

d) El Estatuto de Autonomía del País Vasco.

13. El nombre de la Ley de Derecho Civil Foral Vasco, según se desprendía de la Ley 3/1992, respondía a la siguiente causa:

a) Civil porque se limita al Derecho privado.

b) Foral, para distinguirlo del Derecho común, y no porque resucite instituciones antiguas.

c) Del País Vasco, por su ámbito de aplicación, aun cuando existan territorios de Derecho común.

d) Son ciertas todas las opciones anteriores.

14. La Ley 3/1992:

a) Eliminó anacronismos recogidos en compilaciones anteriores.

b) Restauró instituciones muy arraigadas de las que se prescindía.

c) Adaptó el derecho foral a los tiempos de su promulgación.

d) Son ciertas todas las opciones anteriores.

15. La Ley 5/2015:

a) Consta de cuatro títulos, uno de ellos el Preliminar.

b) Tiene ciento cincuenta artículos.

c) Incorpora tres Disposiciones Transitorias.
d) Carece de Disposiciones Adicionales.

16. Con respecto al análisis que en la Ley 5/2015 de su ámbito territorial de aplicación, sus preceptos:

a) Se aplicarán en todo el ámbito territorial de la Comunidad Autónoma del País Vasco, salvo aquellos preceptos en que expresamente se declare su vigencia en un territorio concreto.
b) Se aplicarán, los del Libro Primero en Bizkaia, los del Libro Segundo en Álava y los del Libro Tercero en Gipuzkoa.
c) Se aplicarán los de los Libros Primero y Segundo en Bizkaia, y los del Libro Tercero en Gipuzkoa.
d) Son falsas todas las opciones anteriores.

17. En la Ley 5/2015 las fuentes del Derecho Civil Vasco se regulan en su título:

a) Preliminar.
b) Primero.
c) Segundo.
d) Tercero.

18. Según la Ley 5/2015, constituyen el Derecho Civil de la Comunidad Autónoma del País Vasco:

a) Las disposiciones de la propia Ley 5/2015.
b) La costumbre.
c) Los principios generales del derecho que lo inspiran.
d) Son ciertas todas las opciones anteriores.

19. En relación con la costumbre, para que constituya fuente del Derecho:

a) Deberá ser siempre probada.
b) No deberá nunca ser probada.
c) Deberá ser probada cuando no sea notoria.
d) Deberá ser probada solo cuando sea notoria.

20. Con respecto al ámbito de aplicación personal del Derecho Civil Vasco:

a) El Derecho civil de la Comunidad Autónoma del País Vasco se aplica a todas aquellas personas que tengan vecindad civil vasca.
b) La vecindad civil vasca o la vecindad civil local cuando sea preciso aplicarla, se adquieren, se conservan y se pierden conforme a las normas contenidas en el Código Civil, sin perjuicio del principio de territorialidad en materia de bienes troncales.
c) Las normas de Derecho Civil de la Ley 5/2015 que rigen con carácter especial en el territorio histórico de Bizkaia y en los términos municipales alaveses de Aramaio y Llodio se aplicarán a quienes tengan vecindad civil local, aforada o no, en dichos territorios.
d) Son ciertas todas las opciones anteriores.

Solución al test n.º 1

1. b) La Constitución Española de 1978.

2. a) Las guerras carlistas.

3. b) 149.

4. d) Octavo.

5. d) En la Disposición Adicional Primera.

6. a) En el marco de la Constitución y de los Estatutos de Autonomía.

7. d) Son falsas todas las respuestas anteriores.

8. a) El Código Civil español de 1881 respetaba el régimen de las regiones forales.

9. c) 10.5.

10. d) Es el artículo 14.2 del Estatuto Vasco el que regula la competencia de los órganos jurisdiccionales en el País Vasco.

11. c) La Compilación de Derecho Civil Foral de Bizkaia y Álava de 30 de julio de 1959.

12. a) La Ley 3/1992, de 1 de julio, de Derecho Civil Foral Vasco.

13. d) Son ciertas todas las opciones anteriores.

14. d) Son ciertas todas las opciones anteriores.

15. a) Consta de cuatro títulos, uno de ellos el Preliminar.

16. a) Se aplicarán en todo el ámbito territorial de la Comunidad Autónoma del País Vasco, salvo aquellos preceptos en que expresamente se declare su vigencia en un territorio concreto.

17. a) Preliminar.

18. d) Son ciertas todas las opciones anteriores.

19. c) Deberá ser probada cuando no sea notoria.

20. d) Son ciertas todas las opciones anteriores.

TEST N.º 2

Principios del Derecho Patrimonial

1. El caserío es una explotación:

a) Agrícola, ganadera, forestal o cinegética.
b) Agrícola, ganadera o forestal.
c) Agrícola o ganadera.
d) Agrícola exclusivamente.

2. El caserío es una explotación:

a) Personal.
b) Familiar.
c) Comunal.
d) Municipal.

3. El caserío está constituido:

a) Por una casa de labor.
b) Esa casa de labor cuenta con diversos elementos muebles y semovientes.
c) También cuenta la casa de labor con derechos de explotación, maquinaria e instalaciones.
d) Son ciertas todas las opciones anteriores.

4. El caserío:

a) Está integrado por una única heredad.
b) Puede estar constituido por varias heredades, tierras o montes.
c) Está integrado por una sola heredad y su superficie ha de ser superior a una hectárea.
d) Son falsas todas las opciones anteriores.

5. Las tierras o heredades que constituyen el caserío:

a) Pueden o no estar contiguos a la casa de labor.
b) Reciben la denominación de pertenecidos al caserío.

c) Son ciertas las dos opciones anteriores.

d) Las tierras o heredades que constituyen el caserío han de estar siempre contiguas a la casa de labor.

6. El arrendamiento rústico en la tradición vasca tiene características especiales en cuanto:

a) A la estabilidad del arriendo.

b) A la transmisión del derecho del arrendador.

c) A la transmisión de los deberes del arrendatario.

d) Pese a esas especialidades se regula íntegramente en la Ley 5/2015.

7. La servidumbre de paso:

a) Se adquiere en virtud de título exclusivamente.

b) Se adquiere en virtud de título o por prescripción.

c) En la tradición vasca se adquiere solo por prescripción.

d) Se adquiere y se extingue por título o por prescripción.

8. La servidumbre de paso se adquiere por la prescripción de:

a) Veinte años.

b) Quince años.

c) Diez años.

d) Treinta años.

9. Podrá exigir que se dé más anchura a la servidumbre de paso:

a) El dueño del predio dominante.

b) El dueño del predio sirviente.

c) Tanto el dueño del predio dominante como el del sirviente.

d) Esa exigencia no corresponde ni al dueño del predio dominante ni al del predio sirviente.

10. La exigencia a la que se refiere la pregunta anterior:

a) Cuando proceda se podrá articular mediante la correspondiente indemnización.

b) Cuando proceda se podrá articular en la medida suficiente para cubrir todas las necesidades del predio sirviente.

c) Son ciertas las dos opciones anteriores.

d) En consonancia con la opción d) de la pregunta anterior, son falsas todas las opciones anteriores.

11. En cuanto a la realización de obras de afirmado:

a) Está facultado a hacerlas el dueño del predio dominante.

b) Podrá realizarlas el dueño del predio sirviente en cuanto las considere convenientes para la mejor utilización de la servidumbre de paso.

c) Podrán ser ejecutadas aunque con ello se perjudique la explotación del predio sirviente.

d) El propósito de realizar las obras deberá ser notificado al dueño del predio sirviente una vez comenzada su ejecución.

12. El propietario de una heredad:

a) Tiene derecho a cerrar la heredad que posee, sin limitación de clase alguna.

b) Tiene derecho a cerrar la heredad que posee aunque con ello impida el paso de los particulares, en cualquier caso.

c) Solo tiene derecho, como consecuencia del cierre de la heredad que posee, a impedir el paso de los particulares que no utilicen vehículos.

d) Son falsas todas las opciones anteriores.

13. El propietario tiene el derecho de cerrar la heredad que posee:

a) Pero no puede impedir el paso de los particulares para su uso no lucrativo.

b) Sí puede impedir el paso de los particulares a los que se refiere la opción anterior cuando utilicen algún vehículo.

c) Quien utilice este derecho deberá respetar los cultivos e indemnizar los daños, si los causare.

d) Son ciertas todas las opciones anteriores.

14. No se sujetarán a la Ley 5/2015:

a) Las cofradías.
b) Las hermandades.
c) Las fundaciones.
d) Las mutualidades.

15. Por ejemplo, las cofradías:

a) Se regularán por sus propios estatutos y normas internas en cuanto su contenido no se oponga a la Ley 15/2015, a las normas que la desarrollen y a la legislación supletoria.

b) Podrán inscribirse en el registro general de sociedades civiles creado por el Gobierno Vasco.

c) Una vez inscrita, la sociedad tendrá responsabilidades jurídicas.

d) Son ciertas las dos primeras opciones.

Solución al test n.º 2

1. c) Agrícola o ganadera.

2. b) Familiar.

3. d) Son ciertas todas las opciones anteriores.

4. b) Puede estar constituido por varias heredades, tierras o montes.

5. c) Son ciertas las dos opciones anteriores.

6. a) A la estabilidad del arriendo.

7. b) Se adquiere en virtud de título o por prescripción.

8. a) Veinte años.

9. a) El dueño del predio dominante.

10. a) Cuando proceda se podrá articular mediante la correspondiente indemnización.

11. a) Está facultado a hacerlas el dueño del predio dominante.

12. d) Son falsas todas las opciones anteriores.

13. d) Son ciertas todas las opciones anteriores.

14. c) Las fundaciones.

15. a) Se regularán por sus propios estatutos y normas internas en cuanto su contenido no se oponga a la Ley 15/2015, a las normas que la desarrollen y a la legislación supletoria.

TEST N.º 3

De las sucesiones. Disposiciones preliminares. De la sucesión testada. De las limitaciones a la libertad de testar

1. Como regla general, los derechos y obligaciones de una persona se transmite a sus sucesores:

a) Desde el momento de la apertura del testamento.
b) Desde el momento de su muerte.
c) Desde el momento de la aceptación de la herencia.
d) Un mes después de la muerte si en tal plazo no se repudia la herencia.

2. Excepcionalmente, los derechos y obligaciones de una persona no se transmiten a sus sucesores en el momento al que se refiere la opción correcta de la pregunta anterior, sino en otro diferente cuando así se establezca en:

a) Testamento.
b) Codicilo.
c) Pacto sucesorio.
d) Testamento de hermandad.

3. La delación se producirá:

a) En el momento de la apertura del testamento del causante.
b) En el momento de la apertura del pacto sucesorio.
c) En el momento del fallecimiento del causante.
d) Pueden ser ciertas todas las opciones anteriores.

4. La delación se producirá:

a) En el lugar en que el causante hubiera tenido su última residencial habitual.
b) En el lugar del fallecimiento.
c) En el lugar en que el causante hubiere tenido su domicilio.
d) En el lugar en el que el causante hubiere determinado en su testamento o en pacto sucesorio.

5. Si el fallecido otorga poder testatorio la sucesión:

a) Se abrirá respecto a los bienes a que alcance dicho poder.

b) Se abrirá en el momento en que el comisario haga uso del poder.

c) En su caso, se abrirá cuando se extinga el poder testatorio cualquiera de las causas previstas legalmente.

d) Son ciertas todas las opciones anteriores.

6. Una de las siguientes afirmaciones no es cierta:

a) La sucesión se defiere por testamento o por pacto sucesorio.

b) En defecto de testamento y de pacto sucesorio, la sucesión se defiere por disposición de la ley.

c) Se puede disponer de los bienes en parte por testamento o en parte por pacto sucesorio.

d) El pacto sucesorio no revoca el testamento, pero este deja sin valor el pacto sucesorio que lo contradiga.

7. Una de las siguientes afirmaciones no es cierta:

a) La sucesión puede ordenarse a título universal o particular.

b) Es heredero el designado a título universal en todo o en una parte alícuota de la herencia.

c) El heredero adquiere los bienes y derechos del causante, continúa su posesión, se subroga en sus obligaciones y queda obligado a cumplir las cargas de la herencia.

d) El sucesor a título particular o legatario puede hacer valer su derecho contra los herederos universales para exigir la entrega o pago del legado. El heredero que sea, a la vez, legatario, podrá aceptar la herencia y repudiar el legado.

8. Salvo disposición en contrario del testador, será tenido, a todos los efectos, como heredero universal, el instituido a título particular como sucesor en un patrimonio familiar o profesional:

a) Cuyo valor sea superior a las tres cuartas partes de la herencia.

b) Cuyo valor sea superior a las dos terceras partes de la herencia.

c) Cuyo valor sea superior a las tres quintas partes de la herencia.

d) Cuyo valor sea superior a la mitad de la herencia.

9. Se pagarán con cargo al caudal relicto:

a) Los alimentos debidos a los hijos y descendientes del causante.

b) Las cargas y deudas de la herencia.

c) Los gastos de conservación de los bienes, los tributos, primas de seguro u otros gastos a que se hallen afectos aquellos, así como de las obligaciones contraídas por el administrador en la gestión de los negocios del causante o de los herederos, o que se derivan de su explotación, cuando no hayan de ser satisfechos por el cónyuge usufructuario.

d) Son falsas todas las opciones anteriores.

10. El heredero:

a) Solo responde de las obligaciones del causante.
b) No responde de las obligaciones de los legados.
c) Responde de las cargas hereditarias hasta el valor de los bienes heredados en el momento de la delación.
d) Son falsas todas las respuestas anteriores.

11. A los efectos de la responsabilidad de los herederos se establece el beneficio de separación, que los acreedores hereditarios podrán solicitar del juez la formación de inventario y la separación de los bienes de la herencia:

a) Dentro del plazo de dos meses, a contar de la fecha del fallecimiento del causante.
b) Dentro del plazo de tres meses, a contar de la fecha del fallecimiento del causante.
c) Dentro del plazo de seis meses, a contar de la fecha del fallecimiento del causante.
d) Dentro del plazo de doce meses, a contar de la fecha del fallecimiento del causante.

12. Con respecto al beneficio al que se refiere la opción anterior, una de las siguientes opciones no es cierta:

a) Tal beneficio se solicitará con el fin de satisfacer con los bienes separados los créditos de los acreedores hereditarios, según su respectivo rango.
b) Se excluirá a los acreedores particulares del heredero hasta la total satisfacción de aquellos créditos.
c) Hasta tal momento se confundirán las deudas y créditos existentes entre el heredero y el causante, y se extinguirán las correspondientes garantías.
d) Los legatarios tendrán ese mismo derecho para asegurar el cumplimiento de los legados con el remanente de la herencia después de quedar satisfechos aquellos acreedores.

13. En la Comunidad Autónoma del País Vasco, además de las formas de testar reguladas por la legislación civil general, rige el testamento:

a) Hecho en país extranjero.
b) Abertzale.
c) *Hilburuko.*
d) Verbal.

14. El testamento *hilburuko*:

a) Podrá ser otorgado por quien, por enfermedad grave u otra causa, se halle en peligro inminente de muerte.
b) Deberá ser otorgado ante tres testigos idóneos sin intervención de notario.
c) Para ello no se tendrá necesidad de justificar la ausencia de fedatario público.
d) Son ciertas todas las opciones anteriores.

15. Con respecto al testamento *hilburuko*:

a) Será necesario redactar por escrito el testamento y leerlo al testador una vez haya declarado con palabras dispositivas su última voluntad.

b) El testamento quedará ineficaz si pasasen dos meses desde que el testador haya salido del peligro de muerte.

c) Si el testador falleciese en el plazo al que se refiere la opción anterior, quedará también ineficaz el testamento si no se presenta para su adveración y elevación a escritura pública en la forma prevenida en las leyes procesales dentro de los dos meses siguientes al fallecimiento.

d) En caso de que, habiendo salido el testador del peligro de muerte, quede incapacitado para otorgar un nuevo testamento, el plazo, para la adveración y la elevación a escritura pública, será el establecido en la opción anterior contado desde aquel primer instante.

16. El testamento en el que dos personas disponen conjuntamente, de todos o parte de sus bienes y para después de su muerte, en un solo instrumento se denomina:

a) *Hilburuku.*

b) Mancomunado o de hermandad.

c) Poder gestatorio o de hermandad.

d) *Alkar* poderoso.

17. El testamento de hermandad:

a) Solo podrá ser otorgado ante Notario.

b) Podrá ser revocado o modificado conjuntamente por ambos cónyuges, mediante otro testamento o pacto sucesorio posterior otorgado ante Notario.

c) La revocación unilateral del testamento mancomunado, o de cualquiera de sus cláusulas, hará ineficaces todas sus disposiciones.

d) Son ciertas todas las opciones anteriores.

18. El testamento conjunto en el que uno o los dos testadores designan comisario a la misma o distinta persona, para que, tras su muerte, ordene la sucesión correspondiente se denomina:

a) *Hilburuku.*

b) Mancomunado o de hermandad.

c) Poder gestatorio o de hermandad.

d) *Alkar* poderoso.

19. Con respecto al testamento mancomunado del que venimos hablando:

a) Quienes ostenten vecindad civil en el País Vasco pueden testar de mancomún siempre que residan en esta Comunidad Autónoma.

b) Podrán testar mancomunadamente, dentro o fuera de su comunidad autónoma, en unión con otro causante cuya ley personal no le prohíba hacerlo en mancomún.

c) Para que el testamento de hermandad sea válido, ambos testadores tienen que hallarse emancipados en el momento en el que produzca la delación.

d) El testamento mancomunado solo podrá revestir forma cerrada, y deberá otorgarse, en todo caso, ante notario.

20. El nombramiento de comisario habrá de hacerse:

a) En las capitulaciones matrimoniales.

b) En convenio sucesorio.

c) En testamento ante notario.

d) En testamento ológrafo.

21. Con respecto al nombramiento de comisario:

a) Los cónyuges, antes o después del matrimonio, podrán nombrarse recíprocamente comisarios.

b) El nombramiento al que se refiere la opción anterior podrá hacerse en capitulaciones matrimoniales o pacto sucesorio.

c) Los miembros de una pareja de hecho podrán nombrarse recíprocamente comisario en el pacto regulador de su régimen económico patrimonial o en pacto sucesorio, siempre que los otorguen en documento público ante notario.

d) Son ciertas todas las opciones anteriores.

22. El comisario deberá realizar un inventario de todos los bienes, derechos, cargas y obligaciones de la herencia:

a) En el plazo de seis meses desde que falleció el testador.

b) En el plazo de tres meses desde que, fallecido el testador, tenga el comisario conocimiento de su designación.

c) En el plazo de seis meses desde que, fallecido el testador, tenga el comisario conocimiento de su designación.

d) En el plazo de nueve meses desde que, fallecido el testador, tenga el comisario conocimiento de su designación.

23. Una de las siguientes afirmaciones no es cierta:

a) El comisario no podrá adjudicarse a sí mismo los bienes que le hubiese atribuido el causante, salvo que se trate de aquellos que le corresponderían en caso de sucesión intestada o a falta de ejercicio del poder testatorio.

b) El cargo de comisario es, en todo caso, voluntario y gratuito, y sus facultades, mancomunadas o solidarias, son personalísimas e intransferibles.

c) El comisario podrá designar albacea y contador partidor de la herencia del comitente, si este no lo hubiera hecho.

d) Mientras no se defiera la sucesión y la herencia sea aceptada, será representante y administrador del caudal la persona que el testador hubiere designado en su testamento, con las facultades que le atribuya y las garantías que le imponga.

24. Con respecto al plazo para el ejercicio del poder testatorio:

a) El testador podrá señalar plazo para el ejercicio del poder testatorio. Cuando se designe comisario al cónyuge o miembro de la pareja de hecho, el plazo podrá serle conferido por tiempo indefinido o por los años que viviere.

b) A falta de señalamiento de plazo, este será de un año a partir de la muerte del testador o desde la declaración judicial de su fallecimiento si todos los sucesores fueren mayores de edad; en otro caso, desde que alcanzaren la mayoría de edad todos ellos, sin que sea suficiente, a estos efectos, la emancipación.

c) El cónyuge viudo o miembro superviviente de la pareja de hecho designado comisario es, salvo disposición en contrario del testador, el representante, administrador y usufructuario del patrimonio hereditario, carácter que mantendrá incluso después de haber hecho uso del poder.

d) Son ciertas todas las opciones anteriores.

25. El poder testatorio se extinguirá por renuncia. Se entenderá que el comisario renuncia cuando, requerido judicialmente para ello, no acepta la designación en el plazo de:

a) Veinte días.
b) Treinta días.
c) Sesenta días.
d) Noventa días.

26. El poder testatorio también se extinguirá:

a) Al expirar el plazo de un año concedido, como máximo, para su ejercicio.

b) Por muerte, imposibilidad o incapacidad sobrevenida de cualquiera de los herederos o legatarios.

c) En el caso del cónyuge comisario, por la presentación de la demanda de separación, divorcio o nulidad del matrimonio, después de otorgado el poder testatorio, aunque no se haya dictado sentencia antes de la muerte del causante.

d) Cuando el cónyuge-comisario contraiga nuevas nupcias, lleve vida matrimonial de hecho o tenga un hijo no matrimonial, incluso cuando el testador haya dispuesto expresamente lo contrario.

27. Son legitimarios:

a) Los hijos o descendientes en cualquier grado.

b) El cónyuge viudo.

c) El miembro superviviente de la pareja de hecho por su cuota usufructuaria, en concurrencia con cualquier clase de herederos.

d) Son ciertas todas las opciones anteriores.

28. Las normas sobre la troncalidad prevalecen sobre la legítima:

a) En el infanzonado o tierra llana de Bizkaia.
b) En el término del municipio alavés de Otxandio.

c) En el término del municipio alavés de Amurrio.
d) Son ciertas todas las opciones anteriores.

29. Una de las afirmaciones siguientes no es cierta:

a) La legítima es una cuota sobre la herencia, que se calcula por su valor económico, y que el causante puede atribuir a sus legitimarios a título de herencia, legado, donación o de otro modo.
b) El causante está obligado a transmitir la legítima a sus legitimarios, pero puede elegir entre ellos a uno o varios y apartar a los demás, debiendo consignar dicha opción de forma expresa.
c) La omisión del apartamiento equivale al apartamiento tácito.
d) La preterición, sea o no intencional, de un descendiente heredero forzoso, equivale a su apartamiento.

30. La legítima:

a) No puede ser objeto de renuncia.
b) Puede ser objeto de renuncia siempre que la misma se efectúe después del fallecimiento del causante.
c) La renuncia deberá articularse mediante pacto sucesorio entre todos los herederos o legitimarios.
d) Salvo renuncia de todos los legitimarios, se mantendrá la intangibilidad de la legítima para aquellos que no la hayan renunciado.

31. La cuantía de la legítima de los hijos o descendientes es de:

a) Un tercio del caudal hereditario.
b) La mitad del caudal hereditario.
c) Dos tercios del caudal hereditario.
d) Dos cuartas partes del caudal hereditario.

32. Los hijos premuertos al causante o desheredados:

a) No tendrán derecho a la herencia.
b) Serán sustituidos o representados por sus descendientes.
c) La sustitución a la que se refiere la opción anterior beneficia a los hijos premuertos del causante, pero no a los hijos del desheredado.
d) Son falsas todas las opciones anteriores.

33. Con respecto al apartamiento y preterición de los legitimarios:

a) El causante podrá disponer de la legítima a favor de sus nietos o descendientes posteriores, aunque vivan los padres o ascendientes de aquellos.
b) La preterición de todos los herederos forzosos hace nulas las disposiciones sucesorias de contenido patrimonial.

c) El heredero forzoso apartado expresa o tácitamente conserva sus derechos frente a terceros cuando el testamento lesione la legítima colectiva.

d) Son ciertas todas las opciones anteriores.

34. El cónyuge viudo o miembro superviviente de la pareja de hecho:

a) Tendrá derecho al usufructo de un tercio de todos los bienes del causante si concurriere con descendientes.

b) Tendrá derecho al usufructo de la mitad de todos los bienes del causante si concurriere con descendientes.

c) Tendrá derecho al usufructo de dos tercios de todos los bienes del causante si concurriere con descendientes.

d) No tendrá derecho al usufructo de parte alguna de los bienes del causante cuando concurra con descendientes.

35. En defecto de descendientes, el cónyuge viudo o miembro superviviente de la pareja de hecho:

a) Tendrá derecho al usufructo de un tercio de todos los bienes del causante.

b) Tendrá derecho al usufructo de la mitad de todos los bienes del causante.

c) Tendrá derecho al usufructo de dos tercios de todos los bienes del causante.

d) Tendrá derecho al usufructo de todos los bienes del causante.

36. La conmutación del usufructo viudal o del miembro superviviente de la pareja de hecho:

a) No está prevista en el Derecho Civil Vasco.

b) Podrá tener lugar si los herederos satisfacen al cónyuge viudo o al miembro superviviente de la pareja de hecho su parte de usufructo mediante el pago de una renta vitalicia, en todo caso.

c) La conmutación a la que se refiere la opción anterior podrá tener lugar mediante la asignación de los productos de determinados bienes, o un capital en efectivo.

d) Dicha conmutación solo podrá tener lugar si concurre mutuo acuerdo entre los herederos y el cónyuge viudo o el miembro superviviente de la pareja de hecho.

37. Mientras no se realice la conmutación a la que se refiere la pregunta anterior estarán afectos al pago de la parte de usufructo que corresponda al cónyuge viudo o miembro superviviente de la pareja de hecho:

a) Todos los bienes de la herencia.

b) Todos los bienes inmuebles de la herencia.

c) Todos los bienes muebles de la herencia.

d) El dinero y los fondos de inversión en que consista la herencia.

38. Si el usufructo del cónyuge viudo o miembro superviviente de la pareja de hecho recae sobre dinero o fondos de inversión, sean estos acumulativos o no:

a) Se rige, en primer lugar, por las disposiciones del causante y por los acuerdos entre el usufructuario, los nudos propietarios y los terceros poseedores de buena fe.

b) En segundo lugar, en defecto de dichos acuerdos, el usufructuario de dinero tiene derecho a los intereses y demás rendimientos que produce el capital, y el usufructuario de participaciones en fondos de inversión tiene derecho a las eventuales plusvalías producidas desde la fecha de constitución hasta la extinción del usufructo.

c) Los rendimientos y plusvalías eventuales se regularán por las reglas de los frutos mercantiles.

d) Son ciertas todas las opciones anteriores.

39. El cónyuge viudo o miembro superviviente de la pareja de hecho, además de su legítima, tendrá un derecho de habitación en la vivienda conyugal o de la pareja de hecho:

a) Hasta su fallecimiento.

b) Por plazo máximo de diez años.

c) Mientras se mantenga en estado de viudedad, no haga vida marital ni tenga un hijo no matrimonial o no constituya una nueva pareja de hecho.

d) Son falsas todas las opciones anteriores.

40. Carecerá de derechos legitimarios y de habitación en el domicilio conyugal o de la pareja de hecho:

a) El cónyuge separado por sentencia firme.

b) El cónyuge separado por mutuo acuerdo que conste fehacientemente.

c) El cónyuge viudo que haga vida marital o el miembro superviviente de la pareja de hecho que se encuentre ligado por una relación afectivo-sexual con otra persona.

d) Son ciertas todas las opciones anteriores, salvo disposición expresa del causante.

41. Una de las afirmaciones siguientes no es cierta:

a) No podrá imponerse a los padres y ascendientes, sustitución o gravamen que exceda de la parte de libre disposición, a no ser en favor de otros sucesores forzosos.

b) No afectarán a la intangibilidad de la legítima, los derechos reconocidos al cónyuge viudo o miembro superviviente de la pareja de hecho, ni el legado de usufructo universal a favor del mismo.

c) El causante podrá disponer a favor de su cónyuge o miembro superviviente de la pareja de hecho del usufructo universal de sus bienes, que se extinguirá por las mismas causas que la legítima.

d) Si el causante los dispusiere de modo alternativo, la elección corresponderá al cónyuge viudo o miembro superviviente de la pareja de hecho.

42. Para el cálculo de la cuota de legítima:

a) Se tomará el valor de todos los bienes de la sucesión al tiempo del fallecimiento del causante.

b) Se tomará el valor de todos los bienes de la sucesión al tiempo en que se perfeccione la delación sucesoria.

c) Se tomará el valor de todos los bienes de la sucesión al tiempo de la aceptación de la herencia.

d) En caso alguno para determinar dicho valor será precisa la deducción de deudas y cargas.

43. Al valor líquido:

a) Se le adicionará el de las donaciones computables entendiendo por tales todas aquellas en las que no medie apartamiento expreso o se efectúe a favor de quien no sea sucesor forzoso.

b) Se le deducirá el de las donaciones computables entendiendo por tales todas aquellas en las que no medie apartamiento expreso o se efectúe a favor de quien no sea sucesor forzoso.

c) Se le adicionará, salvo disposición expresa del causante, el de las donaciones computables entendiendo por tales todas aquellas en las que no medie apartamiento expreso o se efectúe a favor de quien no sea sucesor forzoso.

d) Se le deducirá, salvo disposición expresa del causante, el de las donaciones computables entendiendo por tales todas aquellas en las que no medie apartamiento expreso o se efectúe a favor de quien no sea sucesor forzoso.

44. Una de las siguientes afirmaciones no es cierta:

a) El valor de las donaciones computables será el que tenían al tiempo de fallecer el causante, previa deducción de las mejoras costeadas por el donatario en los bienes donados y del importe de los gastos de conservación o reparación que haya sufragado el mismo, no causados por su culpa.

b) Al valor de los bienes se agregará la estimación de los deterioros originados por culpa del donatario que hubiesen disminuido su valor.

c) De haber enajenado el donatario los bienes donados, se tomará como valor el que tenían en el momento de su enajenación.

d) De los bienes que hubiesen perecido por culpa del donatario, solo se computará su valor al tiempo en que su destrucción tuvo lugar.

45. Con respecto a la colación:

a) Las donaciones a favor de legitimarios solo serán colacionables si el donante así lo dispone o no hace apartamiento expreso.

b) Las donaciones colacionables lo serán por el valor de las mismas al tiempo de la partición.

c) La falta de apartamiento expreso de los demás legitimarios en las disposiciones sucesorias efectuadas a favor de alguno de ellos determinará la colación de dichas disposiciones.

d) Son ciertas todas las opciones anteriores.

46. Si hubiese poder testatorio, la valoración de los bienes para fijar la legítima se hará, si el comisario tuviere interés en la sucesión:

a) Por el comisario, con el contador-partidor que el causante hubiese designado.

b) Por el comisario, con los sucesores presuntos.

c) Por decisión judicial.

d) Son igualmente ciertas todas las opciones anteriores.

47. Solo son bienes raíces, a efectos de troncalidad, los que estén situados en:

a) El Infantado.

b) La Tierra Plana.

c) El Infanzonado o Tierra Llana.

d) Toda la provincia de Bizkaia.

48. Solo son bienes raíces, a efectos de troncalidad, los que estén situados en:

a) Los términos municipales alaveses de Aramaio y Llodio.

b) El término del municipio vizcaíno de Durango.

c) El término del municipio vizcaíno de Gernika.

d) El término del municipio vizcaíno de Lekeitio.

49. Con respecto a la troncalidad:

a) La propiedad de los bienes raíces sitos es troncal.

b) La troncalidad protege el carácter familiar del patrimonio.

c) El propietario de los bienes troncales solamente puede disponer de ellos respetando los derechos de los parientes tronqueros.

d) Son ciertas todas las opciones anteriores.

50. Con respecto a la troncalidad:

a) El parentesco troncal se determina siempre con relación a un bien raíz sito en el territorio de la Comunidad Autónomas del País Vasco.

b) Los bienes raíces dejan de ser troncales si existen parientes tronqueros.

c) Los bienes adquiridos de quien no fuese pariente tronquero, aunque hayan pertenecido anteriormente a alguno de ellos, no se hacen troncales mientras no se transmitan a un descendiente.

d) Son falsas todas las opciones anteriores.

51. Con respecto a los bienes raíces:

a) A efectos de troncalidad son bienes raíces los derechos de propiedad, exclusivamente, que recaigan sobre el suelo y todo lo que sobre este se edifica, planta y siembra.

b) A efectos de troncalidad son bienes raíces los derechos reales de disfrute que recaigan sobre el suelo y todo lo que sobre este se edifica, planta y siembra.

c) Los bienes muebles destinados o unidos a los expresados en las opciones anteriores tendrán la consideración de raíces en todo caso.

d) Están sujetos al principio de troncalidad los frutos pendientes y las plantas, cuando sean objeto de transmisión separada del suelo, ni los árboles, cuando se enajenen para su tala.

52. Son parientes tronqueros:

a) En la línea recta descendiente, los hijos y demás descendientes.

b) En la recta ascendente, los ascendientes de la línea de donde proceda el bien raíz, cualquiera que sea el título de adquisición.

c) En la línea colateral, los parientes colaterales dentro del cuarto grado por la línea de donde procede el bien raíz.

d) Son ciertas todas las opciones anteriores.

53. En relación con la extensión de la troncalidad:

a) En la línea descendente, el parentesco troncal se prolonga sin limitación de grado.

b) En la línea descendente el parentesco troncal no se prolonga sin dilación de grado en el caso de los bienes adquiridos de quien no fuese pariente tronquero, aunque hayan pertenecido anteriormente a alguno de ellos, que no se hacen troncales mientras no se transmitan a un descendiente.

c) En la ascendente, termina en el ascendiente que por último poseyó el bien raíz.

d) En la colateral, llega hasta el tercer grado civil, inclusive, de parentesco.

54. Hablando del nacimiento y la extinción de la troncalidad:

a) Una vez constituida la troncalidad, los parientes tronqueros, siempre que tengan vecindad civil vasca, mantienen su derecho de preferencia en cualquier acto de disposición que haga el titular tanto *inter vivos* como *mortis causa*.

b) La troncalidad se extingue en una familia si al fallecimiento del titular no existen parientes tronqueros con vecindad civil vasca.

c) Se extingue también si en el momento en que el titular pierde la vecindad civil local vizcaína, no existen parientes tronqueros en la línea recta ni en el segundo y tercer grado de la colateral.

d) La troncalidad nace desde el momento en que un bien raíz es adquirido por una persona de vecindad civil vasca.

55. Podrán ser anulados a instancias de los parientes tronqueros los actos de disposición de bienes troncales:

a) Realizados *inter vivos* a modo de permuta.

b) Realizados *inter vivos* a título oneroso.

c) Realizados *inter vivos* a título gratuito.

d) La anulación, cuando proceda, tendrá su origen en actos de disposición a favor de extraños o de parientes que no pertenezcan a la línea preferente para su adquisición.

56. El plazo de caducidad para poder instar la anulación a la que se refiere la pregunta anterior, contado desde que los legitimados tuvieran conocimiento del acto de disposición y, en todo caso, desde su inscripción en el Registro de la Propiedad, será de:

a) Cuatro años.

b) Tres años.

c) Dos años.

d) Un año.

57. Los actos de disposición *mortis causa* de bienes troncales a favor de extraños o de parientes que no pertenezcan a la línea preferente:

a) No serán válidos.

b) Serán válidos cuando así conste por voluntad fehaciente del causante. En tal caso, la cláusula testamentaria o sucesoria podrá ser anulada a instancias de los parientes tronqueros.

c) El plazo de caducidad para el ejercicio de tal acción será de dos años contados desde que los legitimados tuvieran conocimiento del acto de disposición y, en todo caso, desde su inscripción en el Registro de la Propiedad.

d) Son falsas todas las opciones anteriores.

58. Una de las siguientes afirmaciones en relación con la troncalidad y la sucesión forzosa, no es cierta:

a) Los derechos de troncalidad prevalecen sobre la legítima.

b) Cuando concurra en una persona la doble condición de sucesor tronquero y legitimario, los bienes que le correspondan como legitimario se imputarán a sus derechos troncales.

c) La legítima del cónyuge viudo o miembro superviviente de la pareja de hecho se pagará con bienes no troncales, y solamente cuando estos no existan, podrá acudirse a los troncales en la cuantía que sea necesaria.

d) No podrá imponerse sustitución ni gravamen sobre bienes troncales, sino a favor de otro pariente tronquero de la misma línea.

59. Continuando con la misma materia:

a) Los derechos reconocidos al cónyuge viudo o al miembro superviviente de la pareja de hecho, así como el legado de usufructo universal a favor del mismo, afectarán a la intangibilidad de los bienes troncales.

b) Podrán los tronqueros conmutar el usufructo del cónyuge viudo o miembro superviviente de la pareja de hecho que recaiga sobre bienes troncales por un capital en efectivo que será de su libre disposición.

c) Los bienes troncales del causante se computarán para el cálculo de la cuota de legítima, y se entenderán imputados en primer lugar al pago de la misma, aunque exista disposición expresa en contrario del testador.

d) Las deudas del causante se pagarán con el importe de los bienes muebles y de los bienes inmuebles troncales.

60. Corresponde a los tronqueros un derecho de adquisición preferente:

a) Cuando se enajenan bienes troncales a título oneroso a favor de extraños a la troncalidad.

b) Solamente pueden ejercitar este derecho los tronqueros preferentes, teniéndose por tales, en primer lugar, a los de la línea recta ascendente.

c) También habrá lugar a este derecho cuando la enajenación se efectúe a favor de un pariente tronquero preferente de línea anterior a la de quien ejercita el derecho de adquisición preferente.

d) El derecho de adquisición preferente puede ser renunciado en cualquier tiempo, pero la renuncia no vinculará al tronquero pasados dos años desde su fecha.

61. Con respecto a la preferencia en línea y grado:

a) Dentro de cada línea el pariente más próximo excluye al más remoto.

b) Si fueren varios los parientes del mismo grado que ejerciten el derecho de adquisición preferente, corresponderá al tronquero que esté en derecho de posesión de la finca.

c) A falta del pariente tronquero al que se refiere la opción anterior, la designación del adquirente se decidirá por sorteo ante notario.

d) Son ciertas todas las opciones anteriores.

62. Con respecto al llamamiento previo a la enajenación:

a) Quien pretenda enajenar bienes sujetos a saca foral practicará judicialmente el llamamiento a los parientes tronqueros.

b) El llamamiento se anunciará por medio de edictos en los que habrán de expresarse las circunstancias de quien pretenda efectuar la transmisión, las de la finca a enajenar, su título de adquisición, el valor catastral, si constare, y el notario bajo cuya fe pretenda formalizarse la enajenación, así como los datos de identificación registral, si la finca los tuviere.

c) El edicto se publicará, en todo caso, en el tablón de anuncios del ayuntamiento en cuyo término municipal radique la finca así como en el de aquel o aquellos donde conste que los parientes tronqueros han tenido su último domicilio.

d) Son falsas todas las opciones anteriores.

63. El tronquero que pretenda adquirir el bien raíz:

a) Comparecerá ante el notario que haya efectuado la notificación en el plazo de un mes.

b) Comparecerá ante el notario que haya efectuado la notificación personal, en el plazo de diez días hábiles contados desde la notificación o en el mes siguiente a la publicación del edicto.

c) Comparecerá ante el notario que haya efectuado la notificación personal, en el plazo de un mes contado desde la notificación o en los diez días hábiles siguientes a la publicación del edicto.

d) Comparecerá ante el juzgado que haya efectuado la notificación personal, en el plazo de un mes contado desde la notificación o en los diez días hábiles siguientes a la publicación del edicto.

64. El tronquero que pretenda adquirir el bien raíz, en el mismo acto de su comparecencia depositará, en concepto de fianza, si consta en el edicto o notificación notarial directa:

a) El veinte por ciento de su valor catastral.

b) El quince por ciento de su valor catastral.

c) El diez por ciento de su valor catastral.

d) El cinco por ciento de su valor catastral.

65. Una de las siguientes afirmaciones, relacionadas con la saca foral, no es cierta:

a) Cuando el bien raíz se enajene sin previo llamamiento, cualquier tronquero podrá ejercitar la acción de saca foral, solicitando la anulación de la enajenación y que se le adjudique la finca por su justa valoración.

b) Deberá ejercitar este derecho en juicio declarativo, promovido contra el enajenante, el adquirente, y cualesquiera otros titulares de derechos posteriores a dicha enajenación según el Registro de la Propiedad, dentro del plazo de tres meses contados desde que tuvo conocimiento de la enajenación y en todo caso, desde la inscripción de la enajenación en el Registro de la Propiedad.

c) El mismo derecho corresponderá al tronquero habiéndose dado los llamamientos forales, si se enajenara en circunstancias o condiciones distintas a las anunciadas.

d) La sentencia que estime la acción de saca anulará la venta, ordenando que una nueva enajenación se realice a favor del demandante y fijando el precio que debe satisfacer este y que será fijado en el juicio en forma contradictoria.

66. En los casos de ejecución hipotecaria, judicial o extrajudicial, o en procedimientos de apremio, los parientes tronqueros con derecho a la saca foral:

a) Podrán ejercitar el derecho de adquisición preferente por el precio de adjudicación de la venta, compareciendo ante el órgano que celebró la subasta y consignando el precio antes de que se otorgue la escritura de venta o el órgano competente expida certificación que pueda ser inscrita en el Registro de la Propiedad.

b) Podrán ejercitar el derecho de saca foral, del modo regulado legalmente y dentro del plazo de tres meses a contar de la fecha de la subasta.

c) Los anteriores derechos también se tendrán en caso de adjudicación al acreedor ejecutante, durante el plazo de tres meses a partir de la adjudicación.

d) Son ciertas todas las opciones anteriores.

67. El derecho civil propio del valle de Ayala se aplica en todo el término municipal de:

a) Llodio.
b) Zuia.
c) Amurrio.
d) Kuartango.

68. Dentro del municipio de Artziniega, el derecho civil propio del valle de Ayala se aplica en el poblado de:

a) Gordeliz.
b) Sojoguti.
c) Costera.
d) No se aplica en ninguno de estos poblados.

69. Las posteriores modificaciones administrativas en los términos de los municipios donde se aplica el Derecho propio del valle de Ayala:

a) Alterará el Derecho civil aplicable.
b) Suspenderá el Derecho civil aplicable.
c) No alterará el Derecho civil aplicable.
d) Rescindirá el Derecho civil aplicable.

70. La aplicación del derecho civil propio del valle de Ayala vendrá determinada:

a) Por la vecindad civil.
b) Por la nacionalidad.
c) Con la residencia de hecho.
d) Con la residencia de derecho.

71. Aquellos a los que se aplica el Derecho civil propio del valle de Ayala:

a) Pueden disponer libremente de sus bienes como quisieren y por bien tuvieren.

b) La disposición a la que se refiere la opción anterior podrá hacerse por testamento, donación o pacto sucesorio.

c) La disposición de la que venimos hablando podrá hacerse a título universal o singular, apartando a sus legitimarios con poco o mucho.

d) Son ciertas todas las opciones anteriores.

72. Se entiende por legitimarios:

a) A los hijos o descendientes hasta el tercer grado.

b) A los ascendientes en cualquier grado.

c) Al cónyuge viudo o miembro superviviente de la pareja de hecho por su cuota usufructuaria, en concurrencia con cualquier clase de herederos.

d) Son falsas todas las opciones anteriores.

73. El apartamiento podrá ser:

a) Individualizado o conjunto.

b) Directo o indirecto.

c) Tangencial o pleno.

d) Revocable o irrevocable.

74. El apartamiento podrá ser:

a) Verbal o escrito.

b) Notarial o privado.

c) Expreso o tácito.

d) Concreto o abstracto.

75. La omisión del apartamiento producirá los efectos que se establecen para el:

a) Apartamiento expreso, al que equivale.

b) Apartamiento tácito, al que equivale.

c) Apartamiento individualizado, al que equivale.

d) Apartamiento directo, al que equivale.

76. Los que ostenten la vecindad civil local alavesa:

a) Pueden constituir a título gratuito *inter vivos* o *mortis causa* un usufructo poderoso.

b) Pueden constituir a título gratuito *inter vivos* o *mortis causa* un usufructo enérgico.

c) Pueden constituir el usufructo al que se refiere la opción a), pero exclusivamente *mortis causa*.

d) Son falsas todas las opciones anteriores al no ser correcto el enunciado.

77. Se entiende por usufructo poderoso:

a) El que concede al usufructuario la facultad de disponer a título gratuito *inter vivos* o *mortis causa*, de la totalidad o parte de los bienes a favor de los hijos o descendientes del constituyente y otras personas señaladas expresamente por el mismo.

b) El que concede al usufructuario la facultad de disponer *inter vivos*, a título gratuito u oneroso, o *mortis causa*, de la totalidad o parte de los bienes a favor de los hijos o descendientes del constituyente y otras personas señaladas expresamente por el mismo.

c) El que concede al usufructuario la facultad de disponer a título gratuito *inter vivos* o *mortis causa*, de la totalidad o parte de los bienes a favor de sus hijos o descendientes o de otras personas.

d) El que concede al constituyente la facultad de disponer a título gratuito *inter vivos* o *mortis causa*, de la totalidad o parte de los bienes a favor de los hijos o descendientes del usufructuario y otras personas señaladas expresamente por el mismo.

78. El contenido del usufructo poderoso:

a) No puede ser ampliado, restringido o concretado posteriormente.
b) Puede ser concretado o restringido, pero no ampliado.
c) Puede ser ampliado o concretado, pero no restringido.
d) Puede ser ampliado, restringido o concretado por el constituyente.

79. Salvo disposición expresa en contrario, el usufructo poderoso se entiende otorgado:

a) Cuando se concede un poder testatorio.
b) Cuando se ejerce el derecho tronquero de adquisición preferente.
c) Cuando se otorga *alkar* poderoso.
d) Cuando se otorga testamento *hilburuko*.

80. El usufructo poderoso:

a) No puede ser enajenado.
b) No puede ser gravado.
c) Es un derecho personalísimo, lo que implica la imposibilidad a la que se refieren las dos primeras opciones, salvo autorización expresa del constituyente.
d) Son ciertas todas las opciones anteriores.

81. Si el usufructuario poderoso dispone parcialmente de los bienes:

a) Los legitimarios favorecidos quedan apartados con los bienes recibidos.
b) Como consecuencia de lo que se indica en la opción anterior, esos legitimarios no pueden resultar favorecidos con otros bienes mediante actos posteriores por el usufructuario.
c) Pese a lo que se indica en la opción a), tales legitimarios pueden resultar favorecidos con otros bienes mediante actos posteriores del usufructuario.
d) Son ciertas las opciones a) y c).

82. Con respecto a las obligaciones del usufructuario:

a) Todas las reparaciones, gastos, cargas y contribuciones de los bienes objeto del usufructo poderoso serán de cargo del usufructuario mientras no disponga de los mismos.
b) El usufructuario poderoso vendrá obligado a prestar fianza, salvo disposición expresa del causante.

c) El usufructuario poderoso vendrá obligado a prestar fianza equivalente al veinte por ciento del valor de los bienes recibidos.

d) Son ciertas las opciones a) y b).

83. La ordenación sucesoria del caserío afecta al territorio histórico:

a) Del valle de Ayala.
b) De Bizkaia.
c) De Gipuzkoa.
d) Del Infanzonado.

84. El caserío:

a) Es una explotación agrícola o ganadera familiar constituida por una casa de labor.
b) Además de esa casa de labor el caserío integra diversos elementos muebles, semovientes, derechos de explotación, maquinaria, instalaciones y una o varias heredades, tierras o montes.
c) Estas tierras o heredades pueden o no estar contiguos a la casa de labor y reciben la denominación de pertenecidos del caserío.
d) Son ciertas todas las opciones anteriores.

85. Se entenderá comprendido en el concepto de caserío los terrenos:

a) Calificados como un supuesto de propiedad unificada del suelo y del vuelo.
b) Calificados como un supuesto de propiedad plena del suelo y del vuelo.
c) Calificados como un supuesto de propiedad separada del suelo y del vuelo.
d) Calificados como un supuesto de propiedad condicionada del suelo y del vuelo.

86. A los terrenos referidos en la pregunta anterior se les denomina en lengua vasca:

a) *Zilegis.*
b) *Ondazilegis.*
c) *Hilzilegis.*
d) *Rucozielgis.*

Solución al test n.º 3

1. b) Desde el momento de su muerte.

2. c) Pacto sucesorio.

3. c) En el momento del fallecimiento del causante.

4. a) En el lugar en que el causante hubiera tenido su última residencial habitual.

5. d) Son ciertas todas las opciones anteriores.

6. d) El pacto sucesorio no revoca el testamento, pero éste deja sin valor el pacto sucesorio que lo contradiga.

7. d) El sucesor a título particular o legatario puede hacer valer su derecho contra los herederos universales para exigir la entrega o pago del legado. El heredero que sea, a la vez, legatario, podrá aceptar la herencia y repudiar el legado.

8. a) Cuyo valor sea superior a las tres cuartas partes de la herencia.

9. b) Las cargas y deudas de la herencia.

10. c) Responde de las cargas hereditarias hasta el valor de los bienes heredados en el momento de la delación.

11. c) Dentro del plazo de seis meses, a contar de la fecha del fallecimiento del causante.

12. c) Hasta tal momento se confundirán las deudas y créditos existentes entre el heredero y el causante, y se extinguirán las correspondientes garantías.

13. c) *Hilburuko.*

14. d) Son ciertas todas las opciones anteriores.

15. b) El testamento quedará ineficaz si pasasen dos meses desde que el testador haya salido del peligro de muerte.

16. b) Mancomunado o de hermandad.

17. d) Son ciertas todas las opciones anteriores.

18. b) Mancomunado o de hermandad.

19. b) Podrán testar mancomunadamente, dentro o fuera de su comunidad autónoma, en unión con otro causante cuya ley personal no le prohíba hacerlo en mancomún.

20. c) En testamento ante notario.

21. d) Son ciertas todas las opciones anteriores.

22. c) En el plazo de seis meses desde que, fallecido el testador, tenga el comisario conocimiento de su designación

23. a) El comisario no podrá adjudicarse a sí mismo los bienes que le hubiese atribuido el causante, salvo que se trate de aquellos que le corresponderían en caso de sucesión intestada o a falta de ejercicio del poder testatorio.

24. d) Son ciertas todas las opciones anteriores.

25. c) Sesenta días.

26. c) En el caso del cónyuge comisario, por la presentación de la demanda de separación, divorcio o nulidad del matrimonio, después de otorgado el poder testatorio, aunque no se haya dictado sentencia antes de la muerte del causante.

27. d) Son ciertas todas las opciones anteriores.

28. a) En el infanzonado o tierra llana de Bizkaia.

29. b) El causante está obligado a transmitir la legítima a sus legitimarios, pero puede elegir entre ellos a uno o varios y apartar a los demás, debiendo consignar dicha opción de forma expresa.

30. d) Salvo renuncia de todos los legitimarios, se mantendrá la intangibilidad de la legítima para aquellos que no la hayan renunclado.

31. a) Un tercio del caudal hereditario.

32. b) Serán sustituidos o representados por sus descendientes.

33. d) Son ciertas todas las opciones anteriores.

34. b) Tendrá derecho al usufructo de la mitad de todos los bienes del causante si concurriere con descendientes.

35. c) Tendrá derecho al usufructo de dos tercios de todos los bienes del causante.

36. c) La conmutación a la que se refiere la opción anterior podrá tener lugar mediante la asignación de los productos de determinados bienes, o un capital en efectivo.

37. a) Todos los bienes de la herencia.

38. b) En segundo lugar, en defecto de dichos acuerdos, el usufructuario de dinero tiene derecho a los intereses y demás rendimientos que produce el capital, y el usufructuario de participaciones en fondos de inversión tiene derecho a las eventuales plusvalías producidas desde la fecha de constitución hasta la extinción del usufructo.

39. c) Mientras se mantenga en estado de viudedad, no haga vida marital ni tenga un hijo no matrimonial o no constituya una nueva pareja de hecho.

40. d) Son ciertas todas las opciones anteriores, salvo disposición expresa del causante.

41. a) No podrá imponerse a los padres y ascendientes, sustitución o gravamen que exceda de la parte de libre disposición, a no ser en favor de otros sucesores forzosos.

42. b) Se tomará el valor de todos los bienes de la sucesión al tiempo en que se perfeccione la delación sucesoria.

43. a) Se le adicionará el de las donaciones computables entendiendo por tales todas aquellas en las que no medie apartamiento expreso o se efectúe a favor de quien no sea sucesor forzoso.

44. a) El valor de las donaciones computables será el que tenían al tiempo de fallecer el causante, previa deducción de las mejoras costeadas por el donatario en los bienes donados y del importe de los gastos de conservación o reparación que haya sufragado el mismo, no causados por su culpa.

45. d) Son ciertas todas las opciones anteriores.

46. d) Son igualmente ciertas todas las opciones anteriores.

47. c) El Infanzonado o Tierra Llana.

48. a) Los términos municipales alaveses de Aramaio y Llodio.

49. d) Son ciertas todas las opciones anteriores.

50. c) Los bienes adquiridos de quien no fuese pariente tronquero, aunque hayan pertenecido anteriormente a alguno de ellos, no se hacen troncales mientras no se transmitan a un descendiente.

51. b) A efectos de troncalidad son bienes raíces los derechos reales de disfrute que recaigan sobre el suelo y todo lo que sobre éste se edifica, planta y siembra.

52. d) Son ciertas todas las opciones anteriores.

53. b) En la línea descendente el parentesco troncal no se prolonga sin dilación de grado en el caso de los bienes adquiridos de quien no fuese pariente tronquero, aunque hayan pertenecido anteriormente a alguno de ellos, que no se hacen troncales mientras no se transmitan a un descendiente.

54. c) Se extingue también si en el momento en que el titular pierde la vecindad civil local vizcaína, no existen parientes tronqueros en la línea recta ni en el segundo y tercer grado de la colateral.

55. d) La anulación, cuando proceda, tendrá su origen en actos de disposición a favor de extraños o de parientes que no pertenezca a la línea preferente para su adquisición.

56. a) Cuatro años.

57. d) Son falsas todas las opciones anteriores.

58. b) Cuando concurra en una persona la doble condición de sucesor tronquero y legitimario, los bienes que le correspondan como legitimario se imputarán a sus derechos troncales.

59. b) Podrán los tronqueros conmutar el usufructo del cónyuge viudo o miembro superviviente de la pareja de hecho que recaiga sobre bienes troncales por un capital en efectivo que será de su libre disposición.

60. a) Cuando se enajenan bienes troncales a título oneroso a favor de extraños a la troncalidad.

61. d) Son ciertas todas las opciones anteriores.

62. b) El llamamiento se anunciará por medio de edictos en los que habrán de expresarse las circunstancias de quien pretenda efectuar la transmisión, las de la finca a enajenar, su título de adquisición, el valor catastral, si constare, y el notario bajo cuya fe pretenda formalizarse la enajenación, así como los datos de identificación registral, si la finca los tuviere.

63. c) Comparecerá ante el notario que haya efectuado la notificación personal, en el plazo de un mes contado desde la notificación o en los diez días hábiles siguientes a la publicación del edicto.

64. a) El veinte por ciento de su valor catastral.

65. a) Cuando el bien raíz se enajene sin previo llamamiento, cualquier tronquero podrá ejercitar la acción de saca foral, solicitando la anulación de la enajenación y que se le adjudique la finca por su justa valoración.

66. d) Son ciertas todas las opciones anteriores.

67. c) Amurrio.

68. b) Sojoguti.

69. c) No alterará el Derecho civil aplicable.

70. a) Por la vecindad civil.

71. d) Son ciertas todas las opciones anteriores.

72. c) Al cónyuge viudo o miembro superviviente de la pareja de hecho por su cuota usufructuaria, en concurrencia con cualquier clase de herederos.

73. a) Individualizado o conjunto.

74. c) Expreso o tácito.

75. b) Apartamiento tácito, al que equivale.

76. d) Son falsas todas las opciones anteriores al no ser correcto el enunciado.

77. a) El que concede al usufructuario la facultad de disponer a título gratuito *inter vivos* o *mortis causa*, de la totalidad o parte de los bienes a favor de los hijos o descendientes del constituyente y otras personas señaladas expresamente por el mismo.

78. d) Puedes ser ampliado, restringido o concretado por el constituyente.

79. a) Cuando se concede un poder testatorio.

80. d) Son ciertas todas las opciones anteriores.

81. d) Son ciertas las opciones a) y c).

82. a) Todas las reparaciones, gastos, cargas y contribuciones de los bienes objeto del usufructo poderoso serán de cargo del usufructuario mientras no disponga de los mismos.

83. c) De Gipuzkoa.

84. d) Son ciertas todas las opciones anteriores.

85. c) Calificados como un supuestos de propiedad separada del suelo y del vuelo.

86. b) *Ondazilegis*.

TEST N.º 4

De las sucesiones. De los pactos sucesorios. De la sucesión legal o intestada. Disposiciones comunes a las distintas formas de suceder

1. El titular de los bienes puede disponer de ellos *mortis causa* mediante:

a) Testamento sucesorio.
b) Pacto sucesorio.
c) *Alkar* sucesorio.
d) Adquisición preferente sucesoria.

2. Mediante la institución a la que se refiere la opción correcta de la pregunta anterior:

a) Se puede renunciar a los derechos sucesorios de una herencia o de parte de ella.
b) La renuncia a la que se refiere la opción anterior no se podrá hacer en vida del causante de la herencia.
c) Cabe disponer de los derechos sucesorios pertenecientes a la herencia de un tercero aun sin consentimiento de este.
d) Son ciertas las opciones a) y c).

3. Para la validez de un pacto sucesorio se requiere que los otorgantes:

a) Ostenten la vecindad civil vasca.
b) Ostenten la vecindad civil de Gipuzkoa.
c) Ostenten la vecindad civil de Bizkaia.
d) Sean mayores de edad.

4. Los pactos sucesorios:

a) Podrán ser otorgados verbalmente.
b) Habrán de otorgarse por escrito.
c) Podrán otorgarse en escritura pública.
d) Habrán de otorgarse necesariamente en escritura pública.

5. La designación de sucesor en bienes por pacto sucesorio:

a) Es compatible con cualquier disposición testamentaria anterior sobre los bienes comprendidos en el pacto.
b) Deja sin efecto cualquier disposición testamentaria anterior sobre los bienes comprendidos en el pacto.
c) Deja sin efecto cualquier disposición testamentaria sobre los bienes comprendidos en el pacto.
d) Deja sin efecto cualquier disposición testamentaria anterior sobre los bienes comprendidos en la herencia.

6. La designación de sucesor en bienes por pacto sucesorio:

a) No podrá resolverse, pero sí modificarse posteriormente.
b) La modificación se deberá efectuar mediante testamento.
c) Solo podrá modificarse o resolverse mediante nuevo pacto entre los otorgantes o sus sucesores o por las causas que hayan establecido las partes.
d) Solo podrá resolverse, que no modificarse, mediante nuevo pacto entre los otorgantes o sus sucesores o por las causas que hayan establecido las partes.

7. El pacto sucesorio se extingue:

a) Por el transcurso de cinco años sin haber fallecido el causante.
b) Solo por las causas legalmente establecidas.
c) Por las causas que las partes hubieran fijado.
d) Es inextinguible.

8. Salvo estipulación en contrario, se considera pacto sucesorio:

a) La donación *mortis causa* de bienes singulares, siempre que afecte a bienes inmuebles.
b) La donación universal *inter vivos*.
c) La donación singular *inter vivos*.
d) La donación universal *mortis causa*.

9. El pacto de designación de sucesor:

a) Puede contener la disposición de la herencia, tanto a título universal como particular.
b) La renuncia a la herencia.
c) En los casos a los que se refieren las dos opciones anteriores, los otorgantes pueden fijar las reservas, sustituciones, cargas, obligaciones y condiciones a que haya de sujetarse.
d) Son ciertas todas las opciones anteriores.

10. La designación sucesoria con transmisión de presente de los bienes:

a) No confiere al sucesor la titularidad de los mismos hasta que la muerte del instituyente se produce.
b) Confiere al sucesor la titularidad de los mismos sin limitación alguna.

c) Confiere al sucesor la titularidad de los mismos con las limitaciones pactadas en interés de los instituyentes, de la familia y de la explotación de bienes.

d) Confiere al sucesor la titularidad de los mismos con las limitaciones pactadas en interés exclusivamente de los instituyentes y de la familia.

11. Como consecuencia de lo establecido en la opción correcta de la pregunta anterior, y salvo pacto en contrario:

a) Todo acto de disposición o gravamen requerirá para su validez el consentimiento conjunto del instituyente y el instituido.

b) Solo los actos de disposición requerirán para su validez el consentimiento conjunto del instituyente y el instituido.

c) Solo los actos de gravamen requerirán para su validez el consentimiento conjunto del instituyente y el instituido.

d) Los actos de disposición o de gravamen no requerirán condición alguna para su validez ya que el sucesor asume la titularidad de los bienes sin limitación alguna.

12. Tienen preferencia sobre los bienes transmitidos de presente por las deudas contraídas por el instituyente con anterioridad al pacto sucesorio:

a) Los legitimarios del instituyente.

b) Los parientes llamados a la herencia del instituyente.

c) Los acreedores del instituyente.

d) Son falsas todas las opciones anteriores al no ser correcto el enunciado.

13. En la institución sucesoria con eficacia *post mortem*:

a) El instituido recibirá los bienes en el momento de la muerte del instituyente.

b) A partir del otorgamiento del pacto adquiere la cualidad de sucesor.

c) Esa calidad de sucesor será inalienable e inembargable.

d) Son ciertas todas las opciones anteriores.

14. Una de las siguientes afirmaciones no es cierta:

a) El instituyente conserva la titularidad de los bienes.

b) Como consecuencia de lo indicado en la opción anterior, el instituyente podrá disponer de ellos a título oneroso en cualquier caso.

c) Si los bienes transmitidos constituyen patrimonios productivos en los que trabaje el instituido, se requerirá su consentimiento para la enajenación a título oneroso, siempre que instituyente e instituido no hayan pactado otra cosa.

d) Los bienes objeto de la institución sucesoria con eficacia *post mortem* responden de las deudas contraídas por el instituyente.

15. En la institución sucesoria con eficacia *post mortem*:

a) El instituido podrá, incluso en vida del instituyente, disponer de su derecho a título gratuito, por actos *inter vivos* o *mortis causa*, a favor de sus hijos y descendientes.

b) El instituido podrá, solo fallecido el instituyente, disponer de su derecho a título gratuito, por actos *inter vivos* o *mortis causa*, a favor de sus hijos y descendientes.

c) El instituido podrá, incluso en vida del instituyente, disponer de su derecho, por actos *inter vivos* o *mortis causa*, a favor de sus hijos y descendientes.

d) El instituido podrá, incluso en vida del instituyente, disponer de su derecho a título gratuito, por actos *inter vivos* o *mortis causa*.

16. En el caso de que premuera al instituyente:

a) El derecho del instituido se transmite a sus descendientes.

b) Si existen varios hijos o descendientes sucesores del instituido premuerto abintestato, el instituyente puede escoger a uno o varios de aquellos.

c) La elección a la que se refiere la opción anterior podrá efectuarse mediante testamento, pacto u otro título sucesorio.

d) Son ciertas todas las opciones anteriores.

17. Con respecto al pacto de comunidad y salvo pacto en contrario, se entenderá que a la muerte de uno de los instituyentes su cónyuge o miembro superviviente de la pareja y otorgante del pacto:

a) Pierde los derechos que ambos se hubieren reservado.

b) Conserva íntegros y con carácter vitalicio los derechos que ambos se hubieran reservado.

c) Conserva parcialmente y con carácter vitalicio los derechos que ambos se hubieran reservado.

d) Conserva íntegros y por plazo máximo de diez años los derechos que ambos se hubieran reservado.

18. Revertirán al instituyente los bienes transmitidos por pacto sucesorio con carga de alimentos:

a) Cuando el instituido falleciere en vida de aquel.

b) Cuando el instituido falleciere en vida de aquel sin dejar hijos ni descendientes.

c) Cuando el instituido falleciere en vida de aquel sin dejar hijos.

d) Cuando el instituido falleciere en vida de aquel sin dejar hijos, descendientes ni ascendientes.

19. Los instituyentes pueden revocar la designación del pacto sucesorio:

a) Por las causas pactadas o por incumplimiento grave de las cargas o condiciones establecidas.

b) Por haber incurrido el instituido en causa de indignidad o desheredación.

c) Por conducta del instituido que impida la normal convivencia familiar.

d) Son ciertas todas las opciones anteriores.

20. Se resolverá la designación sucesoria:

a) Por cumplimiento de la condición suspensiva a la que estaba sujeta.

b) Por fallecimiento del instituido sin dejar descendientes.

c) Por acuerdo entre los otorgantes.

d) Son igualmente ciertas todas las opciones anteriores.

21. La sucesión legal tiene lugar:

a) Cuando no se haya dispuesto válidamente de toda la herencia o parte de ella, por testamento, o pacto sucesorio.

b) Cuando no se haya dispuesto válidamente de toda la herencia o parte de ella por testamento.

c) Cuando no se haya dispuesto válidamente de toda la herencia o parte de ella por pacto sucesorio.

d) Cuando no se haya dispuesto válidamente de toda la herencia o parte de ella, por testamento, pacto sucesorio, *alkar* poderoso o *hilburuko*.

22. Cuando se trate de bienes troncales el orden de la sucesión legal no será nunca por:

a) Consanguinidad en línea recta.

b) Consanguinidad en línea colateral.

c) Adopción.

d) Afinidad.

23. Cuando se trate de bienes troncales, el orden de la sucesión legal será, en primer lugar:

a) En la línea recta ascendente, los padres y demás ascendientes.

b) En la línea recta descendente, los hijos y demás descendientes.

c) En la línea recta ascendente, los ascendientes por la línea de donde proceda el bien raíz, cualquiera que sea el título de adquisición.

d) Son falsas todas las opciones anteriores.

24. Respecto de los bienes raíces adquiridos por los cónyuges durante la vigencia de un matrimonio, o por los miembros de una pareja de hecho durante la vigencia de la misma:

a) Ambos cónyuges o miembros de la pareja de hecho son tronqueros.

b) Aunque estos bienes se transmitan a los hijos o descendientes, los cónyuges o miembros de la pareja de hecho adquirentes siguen siendo tronqueros de la línea ascendente, cualquiera que sea el grado de parentesco con el descendiente titular.

c) Aunque estos bienes se transmitan a los hijos o descendientes, los cónyuges o miembros de la pareja de hecho adquirentes siguen siendo tronqueros de la línea descendente, cualquiera que sea el grado de parentesco con el ascendiente titular.

d) Son ciertas las dos primeras opciones.

25. Cuando se trate de bienes troncales, el orden de la sucesión legal será en la línea colateral:

a) Los parientes colaterales dentro del cuarto grado por la línea de donde procede el bien raíz.

b) Los parientes colaterales dentro del tercer grado por la línea de donde procede el bien raíz.

c) Los parientes colaterales dentro del segundo grado por la línea de donde procede el bien raíz.

d) Los parientes colaterales dentro del cuarto grado.

26. Los derechos que se reconocen al cónyuge viudo o miembro superviviente de la pareja de hecho a falta o por insuficiencia de los bienes no troncales:

a) No podrán recaer sobre los bienes troncales.

b) Recaerán sobre bienes troncales.

c) Recaerán sobre bienes troncales, salvo pacto expreso en contrario.

d) Recaerán sobre bienes troncales en beneficio exclusivo del cónyuge viudo.

27. Cuando no hubiere sucesores tronqueros, todos los bienes se considerarán:

a) Fungibles.

b) Inalienables.

c) No troncales.

d) No colacionables.

28. La sucesión legal de los bienes no troncales se defiere en primer lugar:

a) A los ascendientes.

b) A los colaterales.

c) En favor de los hijos o descendientes.

d) Al cónyuge viudo no separado legalmente o por mutuo acuerdo que conste de modo fehaciente o al miembro superviviente de la pareja de hecho extinta por fallecimiento de uno de sus miembros.

29. La sucesión legal de los bienes no troncales se defiere a los colaterales:

a) Dentro del cuarto grado, por consanguinidad o adopción.

b) Dentro del tercer grado, por consanguinidad o adopción.

c) Dentro del cuarto grado, por consanguinidad, afinidad o adopción.

d) Dentro del tercer grado, por consanguinidad, afinidad o adopción.

30. Con respecto a los sucesores por derecho propio o por derecho de representación:

a) Los hijos heredan por derecho propio.

b) Los hijos que heredan conforme a lo indicado en la opción anterior lo hacen dividiendo el haber hereditario en partes iguales.

c) Los nietos y demás descendientes heredarán por derecho de representación.

d) Son ciertas todas las opciones anteriores.

31. Una de las siguientes afirmaciones no es cierta:

a) A falta de descendientes, sucederá el cónyuge viudo o miembro superviviente de la pareja de hecho extinta por fallecimiento de uno de sus miembros.

b) La sucesión a la que se refiere la opción anterior lo es con preferencia a los ascendientes y colaterales.

c) La sucesión a la que se refiere la opción anterior lo es con preferencia también a los colaterales.

d) El cónyuge viudo o miembro superviviente de la pareja de hecho podrá conservar sus derechos legitimarios de usufructo.

32. Con respecto a los derechos de los ascendientes:

a) Los padres adquieren el caudal hereditario por mitades e iguales partes.

b) Si uno de los padres hubiera fallecido, el sobreviviente recibirá la totalidad.

c) Si no viviera ninguno de los padres, sucederán los demás ascendientes por mitad entre ambas líneas, y si en alguna de las líneas no hay ascendientes, la totalidad de los bienes corresponderá por partes iguales a los ascendientes de la línea en que los haya.

d) Son ciertas todas las opciones anteriores.

33. A falta de descendientes, ascendientes y cónyuge o miembro superviviente de la pareja de hecho, sucederán los parientes colaterales:

a) En primer lugar los hermanos.

b) En primer lugar los hijos de hermanos fallecidos.

c) A falta de los indicados en las dos opciones anteriores, los parientes más próximos dentro del cuarto grado.

d) Son ciertas todas las opciones anteriores.

34. Una de las siguientes afirmaciones no es cierta:

a) Solamente cuando concurran hermanos con hijos de hermanos se dará el derecho de representación.

b) En este caso, los hijos de hermanos sucederán por cabezas.

c) En el caso al que se refiere la opción primera los hermanos sucederán igualmente por cabezas.

d) Si concurren hermanos de doble vínculo con hermanos de vínculo sencillo, aquellos sucederán en doble porción que estos.

35. En defecto de personas llamadas legalmente a la sucesión, sucederá en todos los bienes la Administración General de la Comunidad Autónoma del País Vasco, quien asignará:

a) Una tercera parte a sí misma.

b) Otra tercera parte a la diputación foral correspondiente a la última residencia del difunto.

c) Otra tercera parte al municipio donde este haya tenido su última residencia.

d) Son ciertas todas las opciones anteriores.

36. La obligación de reserva que afecta al ascendiente respecto de los bienes que heredare de descendiente:

a) Tiene lugar cuando los bienes heredados hubiesen sido adquiridos por el descendiente causante por título gratuito.

b) Tiene lugar cuando la adquisición a la que se refiere la opción anterior se hubiere producido a su vez de otro descendiente, ascendiente o hermano.

c) La reserva no afecta a los bienes adquiridos por ministerio de la ley.

d) La reserva será en favor de los parientes que estén dentro del segundo grado y pertenezcan a la línea de donde los bienes procedan.

37. En los bienes raíces donados para un matrimonio:

a) Sucederán los hijos o descendientes habidos en él.

b) Quedan excluidos de la sucesión cualesquiera otros hijos diferentes a los aludidos en la opción anterior.

c) A estos efectos es indiferente que los hijos a los que se refiere la opción primera hayan venido al mundo antes o después de la celebración del matrimonio.

d) Son ciertas todas las opciones anteriores.

38. Estará obligado a reservar a los hijos y descendientes del cónyuge o miembro fallecido de la pareja de hecho:

a) El cónyuge viudo o miembro superviviente de la pareja de hecho que pase a segundas nupcias.

b) El cónyuge viudo o miembro superviviente de la pareja de hecho que constituya nueva pareja de hecho o tenga un hijo que no lo sea de su difunto cónyuge o pareja de hecho.

c) La reserva alcanzará al menos al cincuenta por ciento de los bienes que aquel haya adquirido del fallecido por testamento, pacto sucesorio u otro título lucrativo.

d) Son ciertas todas las opciones anteriores.

39. Las reservas reguladas alcanzan en todo caso a los edificios, plantíos y mejoras que hubiesen sido hechos por el reservista, con la obligación del reservatario de satisfacer a aquel o a sus herederos el valor actual de los mismos:

a) Dentro de los seis meses siguientes a contar de la fecha en que el reservatario hubiera entrado en su posesión.

b) Dentro de los nueve meses y un día a contar de la fecha en que el reservatario hubiera entrado en su posesión.

c) Dentro del año y día a contar de la fecha en que el reservatario hubiera entrado en su posesión.

d) Dentro de los dos años y un día a contar de la fecha en que el reservatario hubiera entrado en su posesión.

40. Es cierto que:

a) El reservista no podrá designar sucesor entre los reservatarios, en los términos establecidos para la sucesión testada o pacto sucesorio.

b) El reservista podrá imponer sustituciones y gravámenes.

c) Los ascendientes, salvo pacto sucesorio en contrario, suceden en los bienes no troncales dados por ellos a sus hijos o descendientes muertos sin posteridad, cuando los mismos objetos donados existan en la sucesión.

d) El valor de los bienes a que se refiere la opción anterior computará en el caudal relicto al tiempo en que se produzca la muerte del causante.

Solución al test n.º 4

1. b) Pacto sucesorio.

2. a) Se puede renunciar a los derechos sucesorios de una herencia o de parte de ella.

3. d) Sean mayores de edad.

4. d) Habrán de otorgarse necesariamente en escritura pública.

5. b) Deja sin efecto cualquier disposición testamentaria anterior sobre los bienes comprendidos en el pacto.

6. c) Solo podrá modificarse o resolverse mediante nuevo pacto entre los otorgantes o sus sucesores o por las causas que hayan establecido las partes.

7. c) Por las causas que las partes hubieran fijado.

8. b) La donación universal *inter vivos*.

9. d) Son ciertas todas las opciones anteriores.

10. c) Confiere al sucesor la titularidad de los mismos con las limitaciones pactadas en interés de los instituyentes, de la familia y de la explotación de bienes.

11. a) Todo acto de disposición o gravamen requerirá para su validez el consentimiento conjunto del instituyente y el instituido.

12. c) Los acreedores del instituyente.

13. d) Son ciertas todas las opciones anteriores.

14. b) Como consecuencia de lo indicado en la opción anterior, el instituyente podrá disponer de ellos a título oneroso en cualquier caso.

15. a) El instituido podrá, incluso en vida del instituyente, disponer de su derecho a título gratuito, por actos *inter vivos* o *mortis causa*, a favor de sus hijos y descendientes.

16. d) Son ciertas todas las opciones anteriores.

17. b) Conserva íntegros y con carácter vitalicio los derechos que ambos se hubieran reservado.

18. b) Cuando el instituido falleciere en vida de aquel sin dejar hijos ni descendientes.

19. d) Son ciertas todas las opciones anteriores.

20. b) Por fallecimiento del instituido sin dejar descendientes.

21. a) Cuando no se haya dispuesto válidamente de toda la herencia o parte de ella, por testamento, o pacto sucesorio.

22. d) Afinidad.

23. b) En la línea recta descendente, los hijos y demás descendientes.

24. d) Son ciertas las dos primeras opciones.

25. a) Los parientes colaterales dentro del cuarto grado por la línea de donde procede el bien raíz.

26. b) Recaerán sobre bienes troncales.

27. c) No troncales.

28. c) En favor de los hijos o descendientes.

29. a) Dentro del cuarto grado, por consanguinidad o adopción.

30. d) Son ciertas todas las opciones anteriores.

31. d) El cónyuge viudo o miembro superviviente de la pareja de hecho podrá conservar sus derechos legitimarios de usufructo.

32. d) Son ciertas todas las opciones anteriores.

33. d) Son ciertas todas las opciones anteriores.

34. b) En este caso, los hijos de hermanos sucederán por cabezas.

35. d) Son ciertas todas las opciones anteriores.

36. a) Tiene lugar cuando los bienes heredados hubiesen sido adquiridos por el descendiente causante por título gratuito.

37. d) Son ciertas todas las opciones anteriores.

38. d) Son ciertas todas las opciones anteriores.

39. c) Dentro del año y día a contar de la fecha en que el reservatario hubiera entrado en su posesión.

40. c) Los ascendientes, salvo pacto sucesorio en contrario, suceden en los bienes no troncales dados por ellos a sus hijos o descendientes muertos sin posteridad, cuando los mismos objetos donados existan en la sucesión.

Del régimen de bienes en el matrimonio. Del régimen legal. Del régimen de comunicación foral de bienes

1. El régimen de bienes en el matrimonio será:

a) El que los cónyuges establezcan en capitulaciones matrimoniales.
b) El de gananciales.
c) El de separación de bienes.
d) El de comunicación foral de bienes.

2. El régimen de bienes del matrimonio, cuando deba aplicarse la normativa del Código Civil, será:

a) El que los cónyuges establezcan en capitulaciones matrimoniales.
b) El de gananciales.
c) El de separación de bienes.
d) El de comunicación foral de bienes.

3. Con respecto al régimen de bienes del matrimonio:

a) Los cónyuges podrán establecerlo bien estipulando expresamente sus condiciones o bien haciendo referencia a cualquier sistema económico establecido en las leyes.
b) El régimen económico de un matrimonio, tanto el pactado como el legal, podrá ser modificado.
c) La modificación del régimen económico de un matrimonio se efectuará mediante el otorgamiento de nuevas capitulaciones matrimoniales.
d) Son ciertas todas las opciones anteriores.

4. Cuando ambos contrayentes sean vecinos de la tierra llana de Bizkaia, el matrimonio se regirá, a falta de pacto, por el régimen:

a) De gananciales.
b) De separación de bienes.

c) De comunicación foral de bienes.

d) De participación.

5. Se aplicará el mismo régimen al que se refiere la opción correcta de la pregunta anterior cuando ambos contrayentes sean vecinos de:

a) Aramaio y Arrasate.

b) Arrasate y Elorrio.

c) Elorrio y Llodio.

d) Llodio y Aramaio.

6. Cuando solo uno de los cónyuges tenga vecindad civil en la tierra llana de Bizkaia o en los municipios a los que se refiere la opción correcta de la pregunta anterior:

a) Regirá el régimen de bienes correspondiente a la primera residencia habitual común de ambos cónyuges.

b) A falta de la anterior regirá la que corresponda al lugar de celebración del matrimonio.

c) Se entiende que los regímenes a los que se alude en las dos opciones anteriores serán de aplicación a falta de pacto.

d) Son ciertas todas las opciones anteriores.

7. Las modificaciones en el régimen de bienes en el matrimonio:

a) No surtirán nunca efectos frente a terceros.

b) Surtirán efectos frente a terceros a partir de la fecha en que fueren inscritas en el Registro Civil.

c) Surtirán efectos frente a terceros a partir de la fecha en que fueren inscritas en el Registro de la Propiedad.

d) Surtirán efectos frente a terceros a partir de la fecha en que fueren inscritas en el Registro de la Propiedad y, en su caso, en el Registro Civil o en el Registro Mercantil.

8. En virtud de la comunicación foral:

a) Se harán comunes, por mitad entre los cónyuges todos los bienes, derechos y acciones, de la procedencia que sean, pertenecientes a uno u otro, por cualquier título, tanto los aportados como los adquiridos en constante matrimonio y sea cual fuere el lugar en que radiquen.

b) Se harán comunes, por mitad entre los cónyuges todos los bienes, derechos y acciones, de la procedencia que sean, pertenecientes a uno u otro, por título oneroso, tanto los aportados como los adquiridos en constante matrimonio y sea cual fuere el lugar en que radiquen.

c) Se harán comunes, por mitad entre los cónyuges todos los bienes, derechos y acciones, de la procedencia que sean, pertenecientes a uno u otro, por cualquier título, adquiridos, que no aportados, en constante matrimonio y sea cual fuere el lugar en que radiquen.

d) Se harán comunes, por el porcentaje que los cónyuges determinen, todos los bienes, derechos y acciones, de la procedencia que sean, pertenecientes a uno u otro, por cualquier título, tanto los aportados como los adquiridos en constante matrimonio y sea cual fuere el lugar en que radiquen.

9. La comunicación foral, constante matrimonio:

a) Tiene el alcance previsto por la Ley, sin que esta regule limitación alguna a su ejercicio por parte de los cónyuges.

b) Cesará automáticamente por sentencia de separación conyugal, nulidad de matrimonio o divorcio.

c) Cesará, en virtud de sentencia firme en caso de falta de acuerdo, por el otorgamiento de capitulaciones matrimoniales, cuando los cónyuges se acojan a un régimen económico matrimonial de distinta naturaleza.

d) Son falsas todas las opciones anteriores.

10. Cesará la comunicación foral por decisión judicial y a petición de uno de los cónyuges por:

a) Haber sido el otro cónyuge judicialmente incapacitado, declarado ausente o en concurso de acreedores.

b) Venir realizando el otro cónyuge actos de disposición o de gestión en daño o fraude de los derechos del solicitante.

c) Llevar separado de hecho durante más de un año, aunque fuese de mutuo acuerdo.

d) Son ciertas todas las opciones anteriores.

11. Si no se extingue el matrimonio tras la disolución del régimen de comunicación, los cónyuges, salvo pacto en contrario, quedarán sometidos al régimen de:

a) Gananciales.

b) Separación de bienes.

c) Participación.

d) La situación a la que se refiere el enunciado no está legalmente regulada.

12. La comunicación foral se consolida:

a) En el momento en el que se contrae matrimonio.

b) En el momento de disolución del matrimonio por divorcio.

c) En el momento de la disolución del matrimonio por fallecimiento de uno de los cónyuges dejando hijos o descendientes comunes.

d) En el momento de la disolución del matrimonio por fallecimiento de uno de los cónyuges.

13. Se entenderán comunicados todos los bienes, derechos y acciones que cualquiera de los cónyuges obtenga hasta el momento de la disolución del matrimonio, pero no:

a) Los derechos inherentes a la persona.

b) Los derechos adquiridos después de la muerte de uno de los cónyuges.

c) Los bienes y derechos intransmisibles o los de uso personal.

d) Son ciertas todas las opciones anteriores.

14. Con respecto a las cargas del matrimonio:

a) Se entenderá que son cargas del matrimonio las necesarias para el sostenimiento de la familia, la alimentación y educación de los hijos, sean o no comunes, convivan o no en el hogar familiar.

b) Cualquier otro gasto diferente al sostenimiento de la familia, la alimentación y educación de los hijos, que fuera sufragado con los bienes comunes pero se refiera a intereses o bienes de uno de los cónyuges, dará derecho a exigir el reintegro al tiempo de la liquidación de la comunicación.

c) Las cargas del matrimonio serán sufragadas en primer lugar con los bienes procedentes de cada cónyuge en proporción a su valor, y solo a falta o por insuficiencia de ellos responderán los bienes ganados.

d) Lo satisfecho con los bienes ganados será compensado con las ganancias futuras.

15. Con respecto a los actos de disposición de bienes en la comunicación foral:

a) Requerirán el consentimiento, previo o conferido con posterioridad, de ambos cónyuges.

b) Si uno de los cónyuges se negara a otorgarlo, podrá el juez autorizar la disposición si lo considera de interés para la familia o para alguno de los cónyuges.

c) Cualquiera de los cónyuges podrá, por sí solo, disponer del dinero, cuotas, aportaciones cooperativas o partes representativas de la participación en sociedades, activos financieros o de los valores mobiliarios de los que sea titular.

d) El cónyuge a cuyo favor se hubiese hecho la confesión de privatividad por el otro cónyuge, conforme a lo establecido en la legislación civil general, podrá disponer del citado bien en cualquier momento y en los términos establecidos en la legislación hipotecaria vigente en el momento de realizar el acto de disposición.

16. Con respecto a los derechos de crédito y la gestión y administración de bienes:

a) Los derechos de crédito, cualquiera que sea su naturaleza, serán ejercitados por el cónyuge a cuyo nombre aparezcan constituidos.

b) Corresponderá en exclusiva a cada cónyuge la gestión y administración de los bienes de su procedencia, sin perjuicio de lo establecido en el Código Civil.

c) Asimismo, podrá cada cónyuge disponer de los frutos y productos de sus bienes propios, debiendo informar semestralmente al otro de la situación de dichos bienes.

d) Son ciertas todas las opciones anteriores.

17. Las deudas y obligaciones contraídas por cualquiera de los cónyuges sin consentimiento del otro, únicamente serán de cargo de la respectiva mitad del obligado, con la/s limitación/es siguiente/s:

a) Quedarán libres de responsabilidad el cincuenta por ciento de los bienes procedentes del cónyuge no deudor.

b) La adjudicación de bienes por disolución de la comunicación foral se llevará a cabo en el procedimiento principal de ejecución, por las normas establecidas para la disolución de la comunidad de bienes.

c) Si la mitad comunicada del obligado fuere vendida, el cónyuge responsable no tendrá, constante matrimonio, parte alguna en la mitad restante, que quedará bajo la administración del otro cónyuge. No podrá este enajenarla sin autorización judicial, y deberá destinar sus frutos a los gastos ordinarios de la familia.

d) La responsabilidad de los bienes gananciales es solidaria, y el cónyuge no deudor no podrá evitar su embargo señalando bienes propios del deudor en cuantía suficiente.

18. Respecto de la disolución por muerte de uno de los cónyuges habiéndose designado comisario:

a) Si el causante hubiera designado comisario, los bienes permanecerán en comunidad hasta que haga la designación de sucesor.

b) Mientras los bienes continúen en este estado. El cónyuge viudo, salvo disposición en contrario del testador, será el único representante de la herencia y administrador de todo el caudal, en tanto no medie aceptación de la herencia por los sucesores designados.

c) Salvo disposición en contrario del testador, el cónyuge viudo designado comisario único o con otras personas, mientras no haga uso del poder testatorio, tendrá además el usufructo del caudal del que no haya dispuesto, sin obligación de prestar fianza.

d) Son ciertas todas las opciones anteriores.

19. En la adjudicación de los bienes comunicados:

a) En primer lugar, se adjudicarán al cónyuge viudo en pago de su haber, raíces troncales de su procedencia.

b) Si estos no bastaren, se completará su haber con muebles y raíces no troncales.

c) Solo cuando los bienes de las opciones anteriores no sean bastantes, se acudirá a la raíz troncal del cónyuge premuerto.

d) Son ciertas todas las opciones anteriores.

20. Cuando se trate de disolución por muerte de un cónyuge y no existan descendientes:

a) El cónyuge viudo que hubiera venido al caserío del premuerto tendrá, mientras se conserve en tal estado, el derecho de continuar en él durante seis meses y un día, sin perjuicio de los demás derechos que le correspondan por disposición legal o voluntaria.

b) Cuando el cónyuge viudo hubiere traído dote u otra aportación, el plazo establecido en la opción anterior se prorrogará por un año y un día.

c) Las adquisiciones onerosas o mejoras de bienes raíces troncales serán para el cónyuge de cuya línea provengan o para sus herederos tronqueros, pero se tendrá presente en la liquidación de la sociedad conyugal el valor actualizado de las inversiones realizadas, con abono al otro cónyuge, o a sus herederos, del haber que le corresponda.

d) El abono al que se refiere la opción anterior podrá no tener efecto hasta diez años después del fallecimiento del cónyuge premuerto, pues se reconoce al cónyuge viudo el derecho de gozar y disfrutar libremente de su mitad durante ese tiempo.

Solución al test n.º 5

1. a) El que los cónyuges establezcan en capitulaciones matrimoniales.

2. b) El de gananciales.

3. d) Son ciertas todas las opciones anteriores.

4. c) De comunicación foral de bienes.

5. d) Llodio y Aramaio.

6. d) Son ciertas todas las opciones anteriores.

7. b) Surtirán efectos frente a terceros a partir de la fecha en que fueren inscritas en el Registro Civil.

8. a) Se harán comunes, por mitad entre los cónyuges todos los bienes, derechos y acciones, de la procedencia que sean, pertenecientes a uno u otro, por cualquier título, tanto los aportados como los adquiridos en constante matrimonio y sea cual fuere el lugar en que radiquen.

9. b) Cesará automáticamente por sentencia de separación conyugal, nulidad de matrimonio o divorcio.

10. d) Son ciertas todas las opciones anteriores.

11. b) Separación de bienes.

12. c) En el momento de la disolución del matrimonio por fallecimiento de uno de los cónyuges dejando hijos o descendientes comunes.

13. d) Son ciertas todas las opciones anteriores.

14. b) Cualquier otro gasto diferente al el sostenimiento de la familia, la alimentación y educación de los hijos, que fuera sufragado con los bienes comunes pero se refiera a intereses o bienes de uno de los cónyuges, dará derecho a exigir el reintegro al tiempo de la liquidación de la comunicación.

15. c) Cualquiera de los cónyuges podrá, por sí solo, disponer del dinero, cuotas, aportaciones cooperativas o partes representativas de la participación en sociedades, activos financieros o de los valores mobiliarios de los que sea titular.

16. a) Los derechos de crédito, cualquiera que sea su naturaleza, serán ejercitados por el cónyuge a cuyo nombre aparezcan constituidos.

17. c) Si la mitad comunicada del obligado fuere vendida, el cónyuge responsable no tendrá, constante matrimonio, parte alguna en la mitad restante, que quedará bajo la administración del otro cónyuge. No podrá este enajenarla sin autorización judicial, y deberá destinar sus frutos a los gastos ordinarios de la familia.

18. d) Son ciertas todas las opciones anteriores.

19. d) Son ciertas todas las opciones anteriores.

20. c) Las adquisiciones onerosas o mejoras de bienes raíces troncales serán para el cónyuge de cuya línea provengan o para sus herederos tronqueros, pero se tendrá presente en la liquidación de la sociedad conyugal el valor actualizado de las inversiones realizadas, con abono al otro cónyuge, o a sus herederos, del haber que le corresponda.

Ley 2/2003, de 7 de mayo, Reguladora de las Parejas de Hecho

TEST N.º 6

**Parejas de hecho en la Comunidad Autónoma del País Vasco.
Disposiciones generales. Contenido de la relación de pareja.
Adopción, acogimiento y régimen sucesorio.
Extinción de la pareja de hecho**

1. La Ley del Parlamento Vasco que contiene la normativa reguladora de las parejas de hecho en la Comunidad Autónoma Vasca es la Ley:

a) 2/2003 de 7 de mayo.
b) 2/2003 de 6 de mayo.
c) 2/2003 de 5 de mayo.
d) 3/2003.

2. Para ser pareja de hecho deberemos estar ante una unión libre de dos personas:

a) Mayores de edad o menores emancipadas, con plena capacidad.
b) Que no sean parientes por consanguinidad o adopción en línea recta o por consanguinidad en segundo grado colateral.
c) Que se encuentren ligadas por una relación afectivo sexual, sean del mismo o distinto sexo.
d) Son ciertas todas las opciones anteriores.

3. La inscripción de la pareja en el Registro de Parejas de Hecho de la Comunidad Autónoma del País Vasco tendrá carácter:

a) Deliberativo.
b) Potestativo.
c) Constitutivo.
d) Administrativo.

4. La constitución de la pareja de hecho, así como el contenido jurídico patrimonial de la relación, se acreditará mediante certificación expedida:

a) Por el Ayuntamiento respectivo.
b) Por el Registro de Parejas de Hecho de la Comunidad Autónoma del País Vasco.

c) Por la Consejería de Interior del Gobierno Vasco.

d) Por la Consejería de Igualdad del Gobierno Vasco.

5. El Registro de Parejas de Hecho de la Comunidad Autónoma del País Vasco tiene como objeto:

a) La inscripción de las declaraciones de constitución de las parejas de hecho.

b) La inscripción de las declaraciones de extinción de las parejas de hecho.

c) La inscripción de los convenios y pactos reguladores del régimen económico-patrimonial que podrán establecer los componentes de la unión.

d) Son ciertas todas las opciones anteriores.

6. El registro expedirá certificaciones de la inscripción:

a) Solo a instancia de cualquiera de los miembros de la pareja.

b) A instancia de quienes acrediten interés en la inscripción.

c) A instancia de jueces y tribunales de justicia.

d) A instancia de los órganos administrativos del Gobierno Vasco.

7. Los miembros de la pareja:

a) No podrán formalizar el acogimiento de menores.

b) Podrán formalizar el acogimiento de menores pero no con los mismos derechos y deberes que las parejas unidas por matrimonio.

c) Podrán formalizar el acogimiento de menores de forma individualizada con iguales derechos y deberes que las parejas unidas por matrimonio.

d) Son los artículos 7 y 8 de la Ley que analizamos los que regulan esta materia.

8. Los miembros de parejas formadas por dos personas del mismo sexo:

a) No podrán adoptar de forma conjunta.

b) Podrán adoptar de forma conjunta, con iguales derechos y deberes que las parejas formadas por dos personas de distinto sexo y las parejas unidas por matrimonio.

c) Podrán adoptar de forma individualizada, y en ese caso sí tendrán iguales derechos y deberes que las parejas formadas por dos personas de distinto sexo y las parejas unidas por matrimonio.

d) La normativa reguladora de las parejas de hecho en el País Vasco no regula ni el acogimiento ni la adopción a favor de parejas de hecho, estén integradas o no por personas del mismo sexo.

9. La hija o hijo adoptivo o biológico de una de las partes de la pareja:

a) No podrá ser adoptado por la otra parte.

b) Tendrá que ser preceptivamente adoptado por la otra parte.

c) Tendrá derecho a ser adoptado por la otra parte.

d) Solo podrá ser acogido por la otra parte.

10. Con respecto al régimen económico de las parejas de hecho:

a) Los miembros de la pareja de hecho podrán regular las relaciones personales y patrimoniales derivadas de su unión siempre mediante documento público.

b) En tal documento deberán indicar sus respectivos derechos y deberes, así como las compensaciones económicas para el caso de disolución de la pareja.

c) Podrá pactarse la constitución de una pareja de hecho con carácter temporal o someterse a condición.

d) Las Administraciones públicas inscribirán en el registro todos los pactos suscritos por la pareja, atenten o no contra los derechos fundamentales y las libertades públicas de cualquiera de sus miembros.

11. Con respecto a la contribución al mantenimiento de la vivienda y de los gastos comunes mediante aportación económica o trabajo personal, se considerará contribución a los gastos comunes:

a) El trabajo doméstico.

b) La colaboración personal o profesional no retribuida o insuficientemente retribuida a la profesión o a la empresa del otro miembro.

b) Los recursos procedentes de su actividad o de sus bienes, en proporción a sus ingresos respectivos, y, si estos no fueran suficientes, en proporción a sus patrimonios.

d) Son ciertas todas las opciones anteriores.

12. Tendrán la consideración de gastos comunes:

a) Los derivados de la gestión de los bienes propios de cada miembro.

b) Los derivados de la defensa de los bienes propios de cada miembro.

c) Los que respondan al interés exclusivo de uno de los miembros de la pareja.

d) Son falsas todas las opciones anteriores.

13. En cuando a los efectos del cese, en defecto de pacto expreso, y como regla general, se señalará una pensión periódica para el miembro de la pareja que la necesitara para atender adecuadamente a su sustento:

a) Si la unión hubiera supuesto disminución en la capacidad del solicitante para obtener ingreso.

b) Si el cuidado de los hijos e hijas a su cargo, sean o no comunes, le impidiera la realización de actividades laborales o las dificultara seriamente.

c) Son ciertas las dos opciones anteriores.

d) En todo caso será necesaria la fijación de la pensión periódica a favor del miembro de la pareja que se encuentra en la situación que indica el enunciado.

14. Siguiendo con los efectos del cese, en defecto de pacto expreso y por aplicación de las mismas reglas generales, se señalará una compensación económica en favor del miembro de la pareja que haya trabajado para el hogar común o para el otro miembro:

a) En todo caso.

b) Cuando tal trabajo se haya realizado sin retribución o con retribución insuficiente, al margen del perjuicio que ello haya podido causar.

c) Cuando, además de una carencia de retribución o una retribución insuficiente, se haya generado por este motivo una situación de desigualdad entre el patrimonio de ambos que implique un enriquecimiento injusto.

d) Cuando el trabajo se haya realizado en la forma que se indica en la opción b), y se haya producido la situación de desigualdad patrimonial a la que alude la opción c), haya o no habido enriquecimiento injusto.

15. A falta de pacto expreso, en caso de extinción de la pareja por muerte de uno de sus miembros o declaración de fallecimiento, el superviviente tendrá derecho:

a) A la propiedad del ajuar doméstico y al uso de la vivienda común durante el año siguiente a la defunción.

b) Ese derecho se ostentará cuando existiese convivencia y siempre que no perjudique a la legítima de los herederos forzosos.

c) El derecho se perderá si el superviviente constituyera nueva pareja de hecho o contrajera matrimonio.

d) Son ciertas todas las opciones anteriores.

16. A los efectos de régimen y derechos sucesorios, las parejas de hecho:

a) Tienen la consideración y régimen especial regulado en la Ley de Parejas de Hecho de la Comunidad Autónomas Vasca.

b) Tienen la misma consideración que las parejas casadas a los efectos de la Ley 5/2015.

c) Tienen la misma consideración que las personas, aforadas o no, a título individual, según la Ley 5/2015.

d) Son falsas todas las opciones anteriores.

17. Las parejas de hecho:

a) Podrán pactar que a la muerte de uno de ellos el otro pueda conservar en usufructo la totalidad de los bienes comunes.

b) Podrán disponer conjuntamente de sus bienes en un solo instrumento, mediante el testamento mancomunado o de hermandad, pudiendo ser revocado o modificado por los miembros de la pareja.

c) Podrán nombrarse recíprocamente comisario en el testamento o pacto sucesorio.

d) Son ciertas todas las opciones anteriores.

18. A los efectos de la Ley 2/2003, se considerará extinguida la pareja de hecho:

a) De común acuerdo.
b) Por decisión unilateral de uno de los miembros de la pareja, comunicada fehacientemente al otro.
c) Por muerte o declaración de fallecimiento de uno de los miembros de la pareja.
d) Son ciertas todas las opciones anteriores.

19. A los efectos de la Ley 2/2003, se considerará extinguida la pareja de hecho:

a) Por matrimonio entre los propios miembros de la pareja.
b) Por matrimonio de cualquiera de los componentes de la pareja.
c) Son ciertas las dos opciones anteriores.
d) Por convivencia como pareja de hecho por más de quince años.

20. Con respecto a la extinción de la pareja de hecho:

a) Cuando se produzca la extinción, ambos miembros de la pareja, o uno de ellos en los casos de decisión unilateral, deberán instar la cancelación de la inscripción en el correspondiente registro.
b) Cualquiera de las partes podrá constituir nueva relación de pareja sometida a la Ley de Parejas de Hecho aún vigente y no cancelada la anterior.
c) En aquellos casos en los que se encuentre plenamente acreditado el fallecimiento de uno o de los dos integrantes de la pareja de hecho o el matrimonio de uno o de ambos, solo podrá practicarse la cancelación de la inscripción de oficio.
d) Son falsas todas las opciones anteriores.

Solución al test n.º 6

1. a) 2/2003 de 7 de mayo.

2. d) Son ciertas todas las opciones anteriores.

3. c) Constitutivo.

4. b) Por el Registro de Parejas de Hecho de la Comunidad Autónoma del País Vasco.

5. d) Son ciertas todas las opciones anteriores.

6. c) A instancia de jueces y tribunales de justicia.

7. d) Son los artículos 7 y 8 de la Ley que analizamos los que regulan esta materia.

8. b) Podrán adoptar de forma conjunta, con iguales derechos y deberes que las parejas formadas por dos personas de distinto sexo y las parejas unidas por matrimonio.

9. c) Tendrá derecho a ser adoptado por la otra parte.

10. b) En tal documento deberán indicar sus respectivos derechos y deberes, así como las compensaciones económicas para el caso de disolución de la pareja.

11. d) Son ciertas todas las opciones anteriores.

12. d) Son falsas todas las opciones anteriores.

13. a) Si la unión hubiera supuesto disminución en la capacidad del solicitante para obtener ingreso.

14. c) Cuando, además de una carencia de retribución o una retribución insuficiente, se haya generado por este motivo una situación de desigualdad entre el patrimonio de ambos que implique un enriquecimiento injusto.

15. d) Son ciertas todas las opciones anteriores.

16. b) Tienen la misma consideración que las parejas casadas a los efectos de la Ley 5/2015.

17. d) Son ciertas todas las opciones anteriores.

18. d) Son ciertas todas las opciones anteriores.

19. c) Son ciertas las dos opciones anteriores.

20. a) Cuando se produzca la extinción, ambos miembros de la pareja, o uno de ellos en los casos de decisión unilateral, deberán instar la cancelación de la inscripción en el correspondiente registro.